Abt Benedikt Müntnich

Frei für das Leben

Abt Benedikt Müntnich

Frei für das Leben

Predigten in der österlichen Zeit

Fromm Verlag

Impressum / Imprint
Bibliografische Information der Deutschen Nationalbibliothek: Die Deutsche Nationalbibliothek verzeichnet diese Publikation in der Deutschen Nationalbibliografie; detaillierte bibliografische Daten sind im Internet über http://dnb.d-nb.de abrufbar.

Bibliographic information published by the Deutsche Nationalbibliothek: The Deutsche Nationalbibliothek lists this publication in the Deutsche Nationalbibliografie; detailed bibliographic data are available in the Internet at http://dnb.d-nb.de.

Verlag / Publisher:
Fromm Verlag
ist ein Imprint der / is a trademark of
OmniScriptum GmbH & Co. KG
Heinrich-Böcking-Str. 6-8, 66121 Saarbrücken, Deutschland / Germany
Email: info@frommverlag.de

Herstellung: siehe letzte Seite /
Printed at: see last page
ISBN: 978-3-8416-0160-5

Vorwort

Was Jesus nach seiner Auferstehung seinen Jüngern nahe legt, ist die Verkündigung dessen, was sie mit ihm erlebt und wie sie ihn erfahren haben – in seinem Leben, seinem Sterben und seiner Auferstehung. „Ihr sollt meine Zeugen sein", sind die Worte des auferstandenen Jesus an seine Jünger. Er beschenkt uns mit der Liebe Gottes und befähigt uns zur Liebe und damit zur Veränderung dieser Welt im Sinne seines Evangeliums. Sein Sterben am Kreuz hat sich nicht als Scheitern erwiesen, sondern als Kraft. Die Ostererzählungen zeigen allesamt, wie die Freude des Evangeliums aus den Jüngern und Jüngerinnen sozusagen heraus bricht, wie die Botschaft auf diese Welt und dieses Leben zielt. Sie können gar nicht anders; sie müssen von ihm erzählen und Menschen für ihn gewinnen. Das zu zeigen ist das Anliegen dieses kleinen Buches. Der christliche Glaube will nichts anderes, als die Welt verändern und sie zur Welt Gottes machen, weil wir Menschen nur so gut miteinander leben können.

Inhaltsverzeichnis

1. Satt werden allein genügt nicht

(3. Fastensonntag A, Joh 4,5-42, 2002)

Ein eigenartiges Gespräch ist es, das Jesus mit der samaritischen Frau dort am Jakobsbrunnen führt. Eine Zeitlang reden die beiden aneinander vorbei, scheint es; aber Jesus weiß genau, worauf er hinauswill. Er kennt den Menschen und weiß um dessen tiefen, existentiellen Durst. „Meine Seele dürstet nach Gott, nach dem lebendigen Gott", so hat schon der Psalmist diese tiefe Sehnsucht, die den Menschen auszeichnet, ins Wort gebracht (Ps 42,3). Es ist da etwas im Menschen, ganz tief, das sich nicht so ohne weiteres befriedigen lässt. Das hat auch die Samariterin begriffen, so wie es jeder einigermaßen sensible Mensch begreift. „Herr, gib mir von deinem Wasser" sagt sie schließlich, „damit ich keinen Durst mehr habe."
Andererseits ist es erstaunlich, womit Menschen sich zufrieden geben. Jesus bringt das im Gleichnis vom reichen Mann auf den Punkt (Lk 12,13-21). Auf dessen Feldern stand eine ungewöhnlich gute Ernte. Und nun plant er. Größere Scheunen braucht er, damit er alles unterbringt. Er hat ausgesorgt: „Ruh dich aus, iss und trink", sagt er sich, „und freu dich des Lebens!". Einen Narren nennt ihn das Evangelium, weil er nicht weiß, dass Leben mehr ist als essen und trinken.
Satt werden allein genügt nicht. Der Mensch ist auf Erfüllung angelegt; das wissen wir alle: „Geld allein macht nicht glücklich", sagen wir.

Aber - leben wir auch danach?
Unser Wirtschaftssystem beruht auf Steigerung, und wir spielen mit. Immer mehr muss produziert und verbraucht werden. Und damit das läuft, müssen auch unsere Bedürfnisse gesteigert werden. Eine ganze

Branche, die Werbung, ist damit beschäftigt, uns Wünsche beizubringen, die wir in Wahrheit gar nicht haben. Wer kennt das nicht, dass er vom Einkaufen heimkommt und feststellt: Das brauche ich eigentlich gar nicht? Oder man steht vor dem prallvollen Kleiderschrank und sagt sich: So ein Unsinn!

Noch nie zuvor haben Menschen so viel in Lebensqualität investiert wie heute. Wellness ist derzeit das Schlagwort. Aber man kann sich des Eindrucks nicht erwehren: Je reicher die äußeren Möglichkeiten, desto ärmer wird der Mensch innerlich. Unsere Gesellschaft ist krank, das ist schon lange kein Geheimnis mehr. Wir wissen das alle, aus Erfahrung, aus eigenem Erleben.

Es ist auch einsichtig: Wenn der Lebensdurst des Menschen auf diese Weise gestillt wird, kann er nur krank werden, weil er niemals bekommt, wonach er in seiner Seele verlangt.

Die Verkündigung dessen, was das Leben des Menschen wirklich erfüllt, ist heute nötiger denn je und wird auch dringend erwartet. In unserer Gesellschaft existiert, oft unklar, das Verlangen nach etwas Neuem, etwas Anderem, das nicht wie alles einfach wieder ausläuft, sondern das unserem Leben den Atem des Ewigen gibt. Es ist da inmitten aller modernen Formen des Götzendienstes und des Materialismus, der es zu verdecken sucht. Es herrscht eine tiefe Unzufriedenheit, die nicht aus materiellem Mangel herrührt; denn sie ist oft gerade da besonders groß, wo Überfluss an allem vorhanden ist. Das Zeichen dafür ist die Traurigkeit auf vielen Gesichtern, erschreckenderweise schon auf den Gesichtern vieler Jugendlichen. Das ist ein Alarmzeichen.

Wie ist der Mensch gedacht?

Jesus gebraucht ein faszinierendes Bild. „Das Wasser, das ich ihm gebe, wird in ihm zur sprudelnden Quelle werden, deren Wasser ewiges Leben schenkt." Von innen her lebendig ist der Mensch gedacht. Eine Lebenskraft soll er in sich tragen, die so stark ist, dass er davon weitergeben kann, schöpferisch, lebenspendend.
Ein lohnendes Ziel, aber wie kommen wir da hin?
„Herr" sagt die Samariterin, „gib du mir dieses Wasser!" An Jesus führt kein Weg vorbei. Man kann ihn nicht neben andere und anderes stellen: andere Größen und Glücks- und Heilsbringer, neben Dinge, und seien sie noch so schön und aufregend. Er ist nicht bereit, seinen Platz in unserem Leben zu teilen. „Er ist wirklich der Retter der Welt", stellt das Evangelium fest.
Auf nichts anderes als auf Christusbegegnung und Christuserkenntnis zielt unser Evangelium. Durch ihn allein, nur in ihm ist Leben zu haben.
Einfach ist das freilich nicht. Es bedeutet in mancher Beziehung Korrektur, Umdenken, Umkehr, Neuorientierung; auch für manchen, der meint, doch schon so lange mit Christus zu leben. Dieser Tage sagte mir eine Frau: „Ich habe ihn jetzt erst, nach vielen Jahren, als meinen Freund entdeckt." Man müsste wirklich lernen, mit dem Evangelium zu leben. Dann wird man mit Jesus vertraut, lernt Gott, die Welt, die Menschen, das Leben so zu sehen wie er; wird selber ein anderer Mensch.

Den Jakobsbrunnen, an dem das Gespräch Jesu mit der samaritischen Frau stattfand, gibt es heute noch. Er wird von einer lebendigen unterirdischen Quelle gespeist. Jetzt ist er von einer kleinen Kirche umgeben, die von orthodoxen Mönchen gehütet wird. Unmittelbar vor dem Jakobsbrunnen befindet sich ein uralter Taufstein, und seit

Jahrhunderten wird mit dem lebendigen Wasser des Brunnens die Taufe gespendet.

Wir brauchen also gar nicht lange und umständlich nach der Quelle lebendigen Wassers zu suchen. Sie sprudelt schon in uns, seit dem Tag unserer Taufe. Wir müssen uns nur an das erinnern, was damals geschehen ist. Wir wurden wiedergeboren aus dem Wasser und dem Heiligen Geist. Das bedeutet: Da ist eine Kraft in uns, die nicht unsere eigene ist, sondern die Kraft Gottes, seines Geistes. Sie drängt uns, sagt uns, was es heißt, anders, neu zu leben. Es ist schlimm, wenn die Erinnerung daran verloren geht. Die Quelle des Lebens in uns ist Gottes Geist. Er eröffnet uns neue, ungeahnte Möglichkeiten, wenn wir ihn wahrnehmen und uns auf ihn einlassen. Dem Geist in uns gilt es wieder Glauben zu schenken. Dann werden wir selber neu - und zur lebendigen Quelle für andere, die das spüren und kommen, um sich zu erfrischen und zu stärken.

2. Freundschaft mit Jesus

(5. Fastensonntag A, Joh 11,1-45, 2002)

Betanien, der Ort des heutigen Evangeliums, ist ein Dorf ungefähr drei Kilometer östlich von Jerusalem, am Abhang des Ölbergs gelegen. Es gibt dort in einem von Bäumen umstandenen Gartengelände noch einige alte Gräber, von denen eines - man muss zwanzig Stufen hinabsteigen - das Grab sein soll, in dem Lazarus lag, als Jesus ihn vom Tod auferweckte.

In Betanien gibt es eine Kirche, die 1950 von den Franziskanern erbaut wurde. In Erinnerung an die Besuche Jesu bei seinen Freunden Marta, Maria und Lazarus trägt sie den Namen „Freundschaftskirche". Dies ist nicht nur ein schöner Name; er hat auch eine tiefe Bedeutung.

„Jesus liebte Marta, ihre Schwester und Lazarus", heißt es im Evangelium, und diese liebten ihn, mit inniger, hingebungsvoller Liebe, als ihren göttlichen Freund. Sie nennen ihn ehrfürchtig „Kyrie - Herr". Es ist eine Freundschaft unvergleichlicher Art. Sie beruht auf Erwählung durch Jesus. Er sagt ja: „Ich nenne euch nicht mehr Knechte, sondern Freunde" (Joh 15,15). Dabei lässt er keinen Zweifel daran, dass Freundschaft mit Jesus für uns Menschen bedeutet, auf ihn hin zu wachsen und ihm immer ähnlicher zu werden.

Genau das zeigen uns die Freunde Jesu im Evangelium, Lazarus, Marta und Maria. Wir wollen sie diesbezüglich betrachten.

Um Lazarus weint Jesus mit tiefer Erschütterung, als er gestorben ist. Nirgendwo sonst erleben wir ihn so von menschlichen Emotionen gepackt. Zwischen Lazarus und ihm selbst besteht eine besondere

Beziehung. Der Tod des Lazarus und seine Auferweckung werden nämlich zum Symbol von Tod und Auferweckung Jesu selbst. Lazarus wird so ganz tief hineingenommen in die Sendung Jesu, dem Tod für immer seine Macht zu nehmen und Gottes Herrlichkeit bekannt zu machen. Von Lazarus können wir sagen: Er ist auch im Tod geborgen als Jesu geliebter Freund; Lazarus lebt, auch wenn er gestorben ist und im Grab liegt; der leibliche Tod kann ihm nichts mehr anhaben, weil er Jesu Freund ist, und dieser ihn liebt über den Tod hinaus.

Auch Marta versteht man nur durch die Freundschaft mit Jesus. Sie ist ihm gegenüber von absolutem Vertrauen erfüllt. Jedes ihrer Worte beweist das. „Wärest du hier gewesen“, sagt sie zu Jesus, „dann wäre mein Bruder nicht gestorben.“ Das heißt, du allein hättest das verhindern können. Aber ihr Vertrauen ist noch viel radikaler. Sie erwartet kein Wunder von Jesus. Sie glaubt wie viele in Israel an die Auferstehung der Toten und bekennt: „Ich weiß, dass mein Bruder auferstehen wird bei der Auferstehung am Letzten Tag.“ Als Jesus sich ihr dann offenbart: „Ich bin die Auferstehung und das Leben“, und damit ausdrückt, dass er die Macht hat, Tote ins Leben zurückzurufen, hätte sie ihn um die wunderbare Erweckung ihres Bruders Lazarus bitten können. Aber sie braucht das Wunder nicht; denn sie erfasst mit ganzem Herzen Jesu Wort: „Wer an mich glaubt, wird leben, auch wenn er stirbt.“ Wenn Jesus das sagt, dann lebt Lazarus, selbst wenn er als verwesender Leichnam im Grab liegt. Martas Bekenntnis ist großartig und unübertroffen: „Ja, Herr, ich glaube, dass du der Messias bist, der Sohn Gottes, der in die Welt kommen soll.“ Jesus ist ihr so tief Freund, dass sie ihm restlos, sogar über den Tod hinaus vertraut.

Von Maria heißt es am Beginn unseres Evangeliums, dass sie „den Herrn mit Öl gesalbt und seine Füße mit ihrem Haar abgetrocknet hat". Dies hat sie, wie Jesus das selber deutet, im Hinblick auf sein Begräbnis getan (Joh 12,7). So erweist sie sich als mit Jesu Todeshingabe ganz und gar einverstanden. Nach Gottes Ratschluss muss das so sein. Aber der Tod ist für sie keine Grenze, an welcher die Allmacht Gottes bricht. Sie glaubt fest, dass Jesus durch den Tod hindurch das ewige Leben garantieren kann. Maria steht vor uns als Frau, die zwar um ihren geliebten Bruder Lazarus wie auch bei der Salbung um Jesus, den Freund, tief menschlich trauert, aber nicht hoffnungslos, sondern in der festen Gewissheit des Glaubens an Gottes Macht und Herrlichkeit.

So sind die Freunde Jesu im Evangelium. Der Evangelist lädt uns ein, ihren Glauben zu meditieren, so wie wir es eben versucht haben, ihren Glauben, der Glaube an die Auferstehung und das ewige Leben ist, damit wir selber in dieser Weise durch unseren Glauben Freunde Jesu werden.

Der Herr sagt von sich: „Ich bin die Auferstehung und das Leben." Wer Jesus begegnet und zur Freundschaft mit ihm gelangt – in unserer Taufe ist sie grundgelegt – erhält daran Anteil. Er hat bereits, wie das Johannesevangelium an anderer Stelle sagt, „in ihm das ewige Leben" (Joh 3,14), jetzt schon, während er in dieser Welt lebt und hier seinen oft so mühseligen und normalen Alltag führt. Der Christusgläubige befindet sich bereits im göttlichen Bereich. Das ist der Kern unseres christlichen Glaubens.

Dieser Glaube ist aber nichts Theoretisches; er findet nicht bloß im Kopf statt, sondern er soll schon in diesem Leben seine Wirkung entfalten. In seiner Kraft gelingt uns hier und jetzt schon das neue Leben. Wer glaubt, hört selber den Befehl Jesu: „Komm heraus!“

Komm heraus aus dem Grab deines alten Lebens! Lass dich herausführen aus deinen alten Verhältnissen! Lass dich befreien von den Leichenbinden deiner allzu irdischen, ichbezogenen, kleinkarierten Wünsche. Deine Gleichgültigkeit und Hartherzigkeit im Umgang mit deinen Mitmenschen sollen dich nicht länger behindern. Dein Gesicht soll frei werden von der Verhüllung der Traurigkeit, damit deine Hoffnung leuchten kann und andere ansteckt. Komm heraus zum neuen Leben mit Christus!

Das ist jetzt der Ruf Jesu an uns, seine Freunde. Möchten wir ihn doch nicht überhören, damit wir hier und jetzt schon in ihm das wahre Leben haben. Dazu werden wir gleich vom Altar her gestärkt mit dem „Brot des Lebens“ (Joh 6,48), das Jesus selber ist und dessen Empfang uns Anteil an seinem göttlichen, ewigen Leben gibt.

3. Das Kreuz schauen

(Karfreitag 2004)

Wir werden gleich den Höhepunkt der Karfreitagsliturgie vollziehen. Dann wird das mit einem leuchtend roten Tuch verhüllte Kreuz herein getragen, das Kreuz, das immer über unserem Altar hängt und auf das wir täglich beim Gottesdienst schauen. Das Kreuz wird enthüllt und gezeigt, es wird durch eine Kniebeuge verehrt. Dabei wird dreimal gesungen: „Ecce lignum crucis in quo salus mundi pependit. – Seht, das Holz des Kreuzes, daran das Heil der Welt gehangen."

Es geht bei diesem eindrucksvollen Ritus um die rechte Erkenntnis des Kreuzes Jesu Christi, um sein richtiges Verständnis. Der Vorgang erinnert mich an eine Stelle im 2. Korintherbrief, wo der heilige Paulus davon spricht, dass eine Hülle über den Herzen liegt. Diese Herzenshülle verhindert die rechte Erkenntnis. Dann aber heißt es: „Sobald sich einer dem Herrn zuwendet, wird die Hülle entfernt." Das geschieht jetzt, wenn wir im Glauben auf das Kreuz schauen. Es geht also um eine contemplatio crucis, um eine tiefinnerliche Schau des Kreuzes Jesu. Und die kann durch Gottes Gnade so beschaffen sein, dass wir, wie es im 2. Korintherbrief weiter heißt, „die Herrlichkeit des Herrn widerspiegeln", das bedeutet erfüllt werden von seinem Kreuzessieg, von der ganzen Zuversicht des Kreuzes, das ja *das* Lebenszeichen ist, und diese Zuversicht auch ausstrahlen können, sie weiterschenken können an unsere Mitmenschen (vgl. 2 Kor 3,12-18).

Was meine ich damit?

Das Kreuz ist ein Mysterium, wie die Alten sich ausdrückten. Unser deutsches Wort Geheimnis gibt das Gemeinte nur sehr unvollkommen wieder. Mysterium des Kreuzes meint, dass sich im Kreuz die Liebe Gottes verbirgt, und dass sie für den, der im Glauben hinschaut, schließlich strahlend sichtbar wird. „Fulget crucis mysterium. – Aufstrahlt das Mysterium des Kreuzes", heißt es in einem alten Hymnus, den wir in dieser Woche im Stundengebet singen („Vexilla regis prodeunt", Venantius Fortunatus, + um 600). Im Kreuz erkennen wir, dass Gott pure Liebe ist. „Gott hat die Welt so sehr geliebt, dass er seinen einzigen Sohn hingab", lesen wir im Johannesevangelium (Joh 3,16). Dieser Satz zielt auf den Liebestod Jesu am Kreuz für uns.

Normalerweise ist das Kreuz, so sagt es Paulus, Ärgernis und Torheit (vgl. 1 Kor 1,23). Auch von unserem heutigen Lebensgefühl her ruft es oft genug entschiedene Ablehnung, Verweigerung, Kopfschütteln, zumindest Unverständnis hervor. Man sagt, der christliche Glaube mit seinem Liebesethos wäre so schön, wenn es das Kreuz nicht gäbe. Die Wirklichkeit des Kreuzes in seinen vielen Ausprägungen – fast jeder und jede von uns hier hat damit zu tun – lässt die Menschen auf Abstand gehen, auch leicht uns Christen. Und doch muss für uns Christen das gelten, bleibend gelten, weil es zum Wesen des christlichen Glauben gehört, was vor zweitausend Jahren Paulus so formulierte: „Wir verkündigen Christus als den Gekreuzigten" (1 Kor 1,23).
So ist die Kreuzverehrung ein Bekenntnis. Wir zeigen heute allen das Kreuz als das Kostbarste, das die Kirche der Welt zu geben hat.

Wieso? Das Kreuz steht für die unverbrüchliche, ewige Liebe Gottes. Eben, am Schluss der Passion, haben wir es im zeitgenössischen Lied gesungen: „Dein Kreuz, das du getragen und das dich trug im Tod, lass, Herr, die Arme schlagen auch über unsre Not.“ Wie viel Trost und Kraft steckt doch in diesen schlichten Worten. Sie erinnern uns an das Wort, das Jesus im Hinblick auf sein Kreuzesleiden gesprochen hat: „Wenn ich über die Erde erhöht bin, werde ich alle zu mir ziehen“ (Joh 12,32). Es ist der gekreuzigte Herr selber, der vom Kreuz herab die Arme ausstreckt, um uns im Leid zu trösten und an sich zu ziehen, sich mit uns zu vereinigen.

Das Kreuz, so kann man mit Recht sagen, stellt die Zusammenfassung des gesamten Evangeliums dar. Es ist Ausdruck dessen, was Gott in Bezug auf uns Menschen seit Ewigkeit bewegt: Gott liebt diese Welt und auf ihr seine bevorzugten Geschöpfe, uns Menschen, „mit ewiger Liebe“ (Jer 31,3). Wir können die ganze Bibel von Anfang an durchblättern, wie ein roter Faden durchzieht sie diese Liebessehnsucht Gottes nach uns Menschen, deren absoluter Höhepunkt die Erhöhung Jesu am Kreuz ist.

„Einer der Soldaten stieß mit der Lanze in seine Seite“ (Joh 19,34), so haben wir eben gehört. Und nun schauen wir das durchbohrte Herz unseres Herrn; sagen wir besser: sein geöffnetes Herz, sein für uns weit offen stehendes Herz, das wie ein Zufluchtsort für uns ist, an dem wir uns bergen können. Unergründlich ist dieses Liebeszeichen Gottes. „Feuerherd der Liebe“ hat man es genannt (Herz-Jesu-Litanei).

Gott *spricht* nicht nur von Liebe, er *tut* sie, und zwar bis zum Äußersten, wie wir gestern beim Abendmahlsamt im Bericht von der Fußwaschung gehört haben, der geheimnisvoll auf das Kreuz verweist (vgl. Joh 13,1). Gott kommt in unsere menschliche Not hinein, in jedes Elend und Leid der Welt, auch jetzt in die Gewalt und in den Tod im Irak und im Nahen Osten. „Er entäußerte sich“, sagt der Apostel (Phil 2,7), das heißt, er wird fähig zu leiden; er geht alle menschlichen Leidenwege mit. Am Kreuz ist Gott wirklich der Immanuel, der Gott mit uns. Erst am Kreuz, so können wir sagen, vollendet sich seine Menschwerdung, weil er hier dem Letzten, dem Ärmsten, dem Geschundenen gleich wird.

Das Kreuz ist wirklich eine Konfrontation für uns. An ihm scheiden sich die Geister. Warum das Kreuz?, wird immer wieder gefragt. Aber Gott lässt sich von uns nicht vorschreiben, wie er uns zu lieben und zu erlösen hat. Gott ist ganz anders: „Meine Gedanken sind nicht eure Gedanken, und eure Wege sind nicht meine Wege" (Jes 55,8). Es ist sehr schwer, sich Gott so anzugleichen, aber das erspart er uns nicht, weil das der einzige Weg ist, um die wahre Liebe zu lernen. Wir Menschen, auch in der Kirche, reden leicht über die Liebe, aber wenn sie uns dann in unerwarteter Weise abverlangt wird, dann versagen wir.

Schauen wir jetzt auf das Kreuz, das vor unseren Augen enthüllt wird, und bitten wir Gott, dass er die Hülle von unseren Herzen wegnimmt. Schauen wir auf das weit gewordene Herz unseres Erlösers und beten wir: „Bilde unser Herz nach deinem Herzen." Und: „Entzünde in uns das Feuer deine Liebe."

4. Das Kreuz unseres Glaubens

(Karfreitag 2007)

Wir haben uns an das Kreuz gewöhnt, und nur wenn etwas Außergewöhnliches damit passiert – wenn etwa Kreuze aus öffentlichen Gebäuden, in denen sie seit Menschengedenken ihren Platz hatten, bei einer Renovierung abgenommen und dann nicht mehr aufgehängt werden - dann werden wir etwas unruhig und nachdenklich: Kommt unsere Welt ohne das Kreuz aus?

Wie meine ich das? Es ist in ihr allgegenwärtig, seit Kain seinen Bruder Abel erschlug. Wir erkennen es heute im Irak, in der Verzweiflung afrikanischer Bootsflüchtlinge, die ertrinken oder abgefangen und wieder zurück geschickt werden, im Gehirntumor, der ein blühendes Leben zerstört; kurz: überall.
Aber im Grunde meine ich etwas anderes, wenn ich frage, ob die Welt ohne das Kreuz auskommen kann. In der Enzyklika *Deus caritas est* schreibt der Papst vom Blick auf den Gekreuzigten, dem Blick, der erfasst, dass Gott die Liebe ist (Nr. 12).

Man kann vom Kreuz der Menschheitsgeschichte sprechen. Man sieht, wie es sie von Anfang an durchzieht, auch die Geschichte des eigenen Lebens. Vor kurzem traf ich in einer Klosterbuchhandlung eine Frau, deren Leben offenbar in besonderer Weise vom Kreuz gezeichnet war. Sie sah mich im Mönchsgewand, sprach mich an und erzählte mir, dass sie über acht Jahre im KZ verbracht habe. Dann stellte sie die Frage, ob das hier, die vielen Bücher und Kunstgegenstände, helfen könnten? Und selbst gab sie die Antwort: Nein, das hilft alles nichts! Man wird nie damit

fertig. Auf meine Frage, was denn helfe, sagte sie, es helfe in der Messe der eine Satz vor der Kommunion: „Dann wird meine Seele gesund."
Es hilft also die Begegnung mit dem Herrn, der der Leidende, der Gekreuzigte und der Auferstandene ist. Diese Begegnung hilft.

In derselben Buch- und Kunsthandlung sah ich dann Kreuze eines modernen Künstlers. Sie waren ganz schlicht und wesentlich. Die Kreuzesbalken waren rußgeschwärzt, und an der Schnittstelle, da wo die Balken zusammenkommen, das kleine Quadrat dort war mit Blattgold belegt. Das ist das Kreuz des Glaubens. Darauf kann die Welt nicht verzichten. Sie kommt nicht ohne es aus.

Das Kreuz war *das* Marterwerkzeug der Antike. Man konnte damals das Wort „gekreuzigt" nicht hören, ohne dass der ganze Körper vor Schreck erstarrte. Und dieses Kreuz ist dann *das* Zeichen der Liebe geworden.
Woraus aber erklärt sich die Abneigung, ja der Hass mancher gegen dieses zentrale Zeichen des Christentums?
Sicher, bereits Paulus spricht davon in der Anfangszeit des Christentums: das Kreuz ist Anstoß, Ärgernis und Torheit (1 Kor 1). Aber reden wir uns nicht heraus: Weil wir Christen das Kreuz nicht leben, weil wir es selber scheuen, weil wir uns seiner schämen, darum wird es fremd in dieser Welt. Das Christentum mit seiner Gottes- und Nächsten- und Feindesliebe – wäre es nicht die schönste Religion, wenn es darin das Kreuz nicht gäbe? Muss das sein, das Kreuz?
Paulus sagt es kompromisslos: Ich will nichts wissen und nichts verkündigen außer Christus den Gekreuzigten; denn Er ist Gottes Kraft (vgl. 1 Kor 2).

Das Kreuz ist ein Geheimnis, es ist unbegreiflich. Oder: begreiflich nur für den, der bereit ist, sich Gott anzugleichen. „Meine Gedanken sind nicht eure Gedanken, und eure Wege sind nicht meine Wege“, heißt es bereits im Alten Testament (Jes 55,8). Gott besteht darauf, dass wir all unsere Vorstellungen von einer gerechten Welt preisgeben – und zuerst bei ihm die Liebe lernen. Seine Offenbarung, die Heilige Schrift, ist das Buch der Gottesliebe. Ihre Höhepunkte sind die Seiten, auf denen das Leiden und die Auferstehung unseres Herrn Jesus Christus aufgezeichnet sind. Jesus hat geliebt, er hat uns alle „bis zur Vollendung“ geliebt (Joh 13,1), d.h. wie mehr einfach nicht mehr denkbar und möglich ist. Das meint das Blattgold da, wo die beiden Kreuzesbalken sich schneiden. Jesus hat in das Dunkel der Welt die wahre Liebe eingeführt, die seitdem siegreich alles überstrahlt. Das ist unser Glaube. Diese Liebe gibt nicht nur etwas, wie man beispielsweise eine Spende gibt für einen guten Zweck: Das gebe ich, das ist genug, mehr kann ich nicht geben. Seine Liebe gibt *alles*, d.h. sich selbst, und zwar restlos. Wir haben eben im Leidensbericht gehört, wie die Seite Jesu, sein Herz geöffnet wurde: Gott liebt uns unendlich; alles gibt er für uns; sich selbst restlos. Man kann sich dagegen wehren, sich sperren, auch als Christ. Aber wenn wir jetzt wirklich auf Ihn schauen, mit dem Blick der Liebe, dann öffnen wir ihm unser eigenes Herz. Im Glauben dürfen wir dann teilnehmen an dieser Gottesliebe – im Leiden *an* einer, *in* einer, *für* eine lieblose Welt. Als Glaubende zieht Christus uns vom Kreuz aus an sich. So wird auch unser armes Leben Liebe wie seines. Wir können das nicht von uns aus. Er erfüllt uns mit der Kraft seiner Liebe vom Kreuz her. Das Kreuz ist schöpferische, fruchtbare, und neu schaffende Liebe Gottes.

5. Das Zeichen der Liebe

(Karfreitag 2008)

Wie schon so oft vorher begehen wir jetzt wieder die Feier des Leidens und Sterbens unseres Herrn Jesus Christus. Vor dem Auge unseres Geistes steht das Kreuz, das wir gleich verehren werden. Für uns Christen ist es *das* Zeichen der Erlösung, unserer eigenen und der der ganzen Welt. So drückt es der alte Gebetsruf aus: „Wir beten dich an, Herr Jesus Christus, und preisen dich; denn durch dein heiliges Kreuz hast du die Welt erlöst."

Machen wir uns aber nichts vor: Das Kreuz ist sehr schwer zu begreifen. Eigentlich ist es überhaupt nicht zu begreifen. Es ist Anstoß und Ärgernis, oft genug auch uns. In uns allen, die wir doch glauben, ist die bohrende Frage: „Warum ist das Kreuz der Weg zum Leben?" (Romano Guardini). Eine Antwort, die unseren Verstand zufrieden stellen würde, gibt es in diesem Leben nicht. Nur unser Herz ahnt im Glauben, was da wohl von Gott her gemeint ist. Der Evangelist Johannes drückt das so aus: „Gott hat die Welt so sehr geliebt, dass er seinen einzigen Sohn hingab" (3,16).

Wir Menschen – und damit meine ich alle Menschen, von Adam an bis zu dem, der zuletzt geboren wird, ehe der Herr zum Gericht wiederkommen wird, also die Menschheit – sind so in uns gefangen, dass wir unseren Herrn und Schöpfer nicht verstehen, ihn nicht „erkennen", wie die Bibel sagt, das heißt seine brennende Liebe und Sehnsucht zu uns, seinen Geschöpfen, nicht erfassen, nicht wirklich erfassen, nicht mit unserer ganzen Existenz erfassen – so wie Gott es sich gewünscht hat, als er uns aus Liebe ins Leben rief. Wir geben Gott

nicht wirklich Antwort. Sein Ruf, seine Klage: „Je mehr ich sie rief, desto mehr liefen sie von mir weg“ (Hos 11,2) geht ins Leere.
Was will Gott denn von uns? Er will von uns nicht *etwas* – Verehrung, Gottesdienst, Gebete, Wohlverhalten, ein moralisch einwandfreies Leben –, er will uns *ganz*. Die Bibel gebraucht öfter das Bild der Ehe, der Ehe zwischen einander wirklich liebenden Partnern, um auszudrücken, was Gott von uns will: Sei ganz mein, dann bin ich ganz dein!
Unsere Verweigerung, unser Ablehnung, unsere ganze Verquertheit nennt die Bibel Sünde. Und wegen dieser unserer Sünde ist Jesus am Kreuz gestorben.
Was ist denn Sünde? Wir haben uns schon so weit verrannt, dass wir das gar nicht mehr richtig wissen. Sünde – das sind doch nicht in erster Linie die vielen Schwächen, die wir alle haben, die vielen Vergehen, klein oder größer. Sünde, das ist in ihrer ganzen Wucht die Verweigerung der Hingabe unseres Lebens an Gott. So sagt es Jesus selbst: „Sünde ist, dass sie nicht an mich glauben“ (Joh 16,9), dass sie einfach nicht hören wollen, was gut für sie ist. Ja, Sünde ist das Nein des Menschen zu Gott. Und all das, was uns das Leben miteinander so schwer macht, die Situationen, in denen wir uns aneinander versündigen, hängt letztlich damit zusammen.
Wie soll man sich das konkret vorstellen? Da geht es weniger um eine ausdrückliche Leugnung Gottes. Vielmehr geht es um das faktische Leben ohne Gott und an Gott vorbei. Man fragt nicht mehr nach ihm. Es gibt den lebendigen Kontakt mit ihm nicht. Und dann stimmt es schließlich nirgendwo mehr – im Kleinen wie im Großen. Wir Menschen werden dann mehr und mehr unfähig für das echte Leben, für die wahre, erfüllte Beziehung. Denn Liebe gibt es für uns nur von Gott her. Und wenn wir in diesen Tagen zum Beispiel auf Tibet schauen, auf die

Unruhen und Proteste dort, die mit Gewalt und Unterdrückung beantwortet werden: dann gilt auch in diesem Zusammenhang, dass letztlich die Würde und die Freiheit der Menschen nur geachtet werden können von Gott her. Der Prophet Jeremia drückt es mit einem anschaulichen Bild aus; da klagt Gott: „Mein Volk hat mich verlassen, den Quell lebendigen Wassers, um sich Zisternen zu graben, Zisternen mit Rissen, die das Wasser nicht halten" (2,13).

Gott, als unser Schöpfer, hat nicht nur einen Anspruch auf uns, die wir seine Geschöpfe sind, aus seiner Hand hervorgegangen, ihm ganz gehörig. Nur bei ihm ist auch das Leben, unser ganz persönliches menschliches Leben, unser Leben miteinander. Wer das Leben anderswo sucht, gießt sein Wasser, seine Lebenssubstanz, sein Kostbarstes in eine löchrige Zisterne. Es versickert; das Leben verläuft sich.

Wir kennen das alle aus Erfahrung, wie die kleinen Verweigerungen im Leben, die schlechten Gewohnheiten, das Ausweichen vor der Verantwortung, die Bosheiten und Verletzungen hier und dort, sich summieren können zu einem grundsätzlichen Nein: So wie Jesus es zeigt, kann ich nicht, will ich nicht. Täuschen wir uns da nicht!

In dieser Situation – da unser Leben, das wir von Gott und für Gott haben, verloren zu gehen droht – ist das Kreuz *das* große Signal. Es ist das Warnungszeichen vor der Gefahr des Lebensverlustes einerseits, aber noch viel mehr *das* Zeichen der Liebe, der für uns Menschen letztlich unbegreiflichen Liebe Gottes, einer sich für uns verströmenden Liebe. Denken wir daran, wie wir eben im Passionsbericht gehört haben, dass der Soldat die Seite Jesu, sein Herz mit der Lanze öffnete und Blut und Wasser hervorströmten (Joh 19,34). Das heißt sein göttliches Leben, seine Liebe strömte hervor, auf uns und auf alle Menschen strömt sie herab. Vom Kreuz her – so die Deutung des Evangelisten Johannes – zieht Gott uns alle an sich (12,32). Und wenn wir uns ziehen lassen, wenn wir umkehren, uns zu ihm hinkehren, erfassen wir in der Umarmung Gottes, was und wie das wahre Leben ist.

Das ist ein Mysterium, wie die Alten sagten; es ist die Denkweise Gottes und das Wirken seiner Liebe. Wir erfassen es im Glauben, um den wir Gott bitten. Es geht uns auf durch unsere Hingabe in dieser heiligen Feier, wenn wir uns vor dem Kreuz Christi tief verneigen, um es in unser Herz aufzunehmen.

6. Die Innenschau des Kreuzes

(Karfreitag 2009)

Der Karfreitag hat etwas Beklemmendes an sich. Da ist das Kreuz, um das sich heute alles dreht. Diese schreckliche Hinrichtung Jesu, dieses Menschen, der wie kein anderer nur Gutes getan, nur Liebe geschenkt hat. Und dann das letzte Wort des Passionsberichtes: Dort, in dem Grab nahe beim Golgota, der Hinrichtungsstätte, setzten sie Jesus bei (Joh 19,42).

Wir kennen die Feier der Heiligen Woche seit langem. Am liebsten möchten wir gleich zu Ostern übergehen. Aber es gilt, diesen Tag auszuhalten. Es gilt, dem Kreuz zu begegnen, wirklich innerlich und tief. Nicht so, dass es uns sozusagen erschlägt, sondern weil es *das* Zeichen der Liebe ist, der Liebe eines Menschen, der sich selber ganz gegeben hat und gibt – auch uns heute. Das Kreuz als Ausdruck für ein Leben, das ganz Hingabe war und ist. Wenn man die Evangelien aufmerksam liest, dann entdeckt man das Vorzeichen des Kreuzes bereits sehr früh. Beim Evangelisten Markus schon zu Beginn des dritten Kapitels, als Jesus am Sabbat einen Kranken geheilt hatte: „Da gingen die Pharisäer hinaus und fassten zusammen mit den Anhängern des Herodes den Beschluss, Jesus umzubringen“ (Mk 3,6).

Jesus hat sich schon sehr bald in Gegensatz zu denen gebracht, die Macht und Einfluss hatten. Sein Verhalten musste als Provokation aufgefasst werden, und weil man Angst um die Macht hatte, musste dieser Mann unbedingt beseitigt werden. Aber das, dieses Scheiten, ist nur die äußere Seite. Die innere ist viel wichtiger. Und diese innere Seite, wenn es uns gelingt, sie zu erfassen, wenn es uns geschenkt wird, nimmt uns dann die erwähnte Beklemmung und Bedrückung. Denn dann geht uns auf, dass es hier, am Kreuz, um eine Liebe geht, die stärker ist als der Tod. Um eine Liebe, die uns arme Menschen mit unserer Sünde, unserem Leid und unserer Not umfasst und in sich birgt, ganz tief und fest, so dass unser zitterndes Herz zur Ruhe kommt.

Die Innenschau des Kreuzes - was ist das? Durch die Johannespassion zieht sich geheimnisvoll etwas, das man als Erhöhung in der Erniedrigung bezeichnen kann. Vor zwei Wochen, am fünften Fastensonntag, haben wir gehört, wie Jesus gesagt hat: „Wenn ich über die Erde erhöht bin, werde ich alle zu mir ziehen" (Joh 12,32). Das ist das Geheimnis des Karfreitags. Jesus wird verhaftet, gegeißelt, verspottet, er schleppt das Kreuz, an dem er sterben wird, nach Golgota. Dort reißt man ihm noch die Kleider vom Leib und hängt ihn nackt an das Kreuz. Daran stirbt er unter Qualen. Dann kommt der Soldat und öffnet mit der Lanze die Seite Jesu, und es heißt, dass Blut und Wasser herausfloss. D.h. Jesus gibt nicht nur alles, was er hat, er gibt sogar sich selbst, restlos. So ist er, das will der Evangelist sagen, der „König auf dem Kreuzesthron". Und das wurde das Bekenntnis der Urkirche und ist auch heute unser Bekenntnis.
Alle vier Evangelien, wenn wir sie aufmerksam lesen, sehen Jesus vom Kreuz her: Er ist die Liebe Gottes. In ihm liebt Gott uns ganz und gar. Was wir durch die ganze Bibel hindurch lesen können: dass Gott sein Volk in Liebe sucht und den Liebesbund mit ihm will, das gipfelt hier auf. „So sehr hat Gott die Welt geliebt, dass er seinen einzigen Sohn hingab", heißt es bei Johannes (3,16). Unsäglich liebt er uns. In Worten ausdrücken lässt sich das nicht, es „braucht" dazu das Kreuz. Das ist die Innenschau. Fassen kann das nur der Glaube, die Liebe, das Gebet.

Ein Letztes. Ich hatte erwähnt, dass der Evangelist es so sieht, dass Jesus uns vom Kreuz her an sich zieht. Das ist einmal der Akt der Erlöserliebe. Dann ist es aber auch der Ruf in die Nachfolge. Es gibt ein zeitgenössisches Kirchenlied. Die erste Strophe beginnt mit den Worten: „Wer leben will wie Gott auf dieser Erde". Und dann beginnt die vierte mit „Die Menschen müssen füreinander sterben" (Huub Oosterhuis 1965, *Gotteslob* 183). Das ist die Nachfolge des gekreuzigten Christus, zu der wir berufen sind. Es geht um die Bereitschaft zu einer Liebe, die im Blick auf Ihn über das Maß hinausgeht, die *sich* gibt. Hängen unsere Probleme, in der Gesellschaft, in unseren Familien und Gemeinschaften, in der Wirtschaft und Politik, nicht zuletzt damit zusammen, dass wir nicht mehr füreinander sterben wollen? Wir halten uns ängstlich fest und sichern uns ab. Aber dagegen sagt Jesus: Wer sein Leben retten will, der verliert es; wer aber den Mut hat, es loszulassen, einzusetzen, hinzugeben, der gewinnt es (Mk 8,35).

So sehen wir in der Dunkelheit des Karfreitags den Lichtschimmer von Ostern, die Verheißung des Lebens. Bitten wir den gekreuzigten Jesus, dass wir uns mitreißen lassen von seiner Liebe.

7. Sich das Kreuz erklären lassen

(Karfreitag 2010)

Wir haben wieder die Leidensgeschichte gehört, die in der Hinrichtung Jesu am Kreuz gipfelt. Gleich werden wir die Erhebung und Verehrung des Kreuzes feiern. Es führt kein Weg daran vorbei: Das Kreuz gehört zu den Grundgegebenheiten unseres Glaubens, das heißt es ist unverzichtbar. Und das nicht in dem Sinne, dass wir es hinnehmen müssen, sondern so, dass wir es schließlich lieb gewinnen. Bei der Kreuzverehrung küssen wir es ja, und das hat einen tiefen Sinn, eben den der Liebe. Das Kreuz ist *das* Zeichen der Liebe Gottes und unserer Erlösung.
Machen wir uns nichts vor. Seit 2.000 Jahren ist das Kreuz in der Welt ein Ärgernis. Bereits der heilige Paulus hat das kurz nach der Kreuzigung Jesu festgestellt (1 Kor 1,18ff.). Auch in unserer Zeit gibt es teils massive Tendenzen, das Zeichen des Kreuzes und damit seine Wirklichkeit zu beseitigen, es höchstens noch im privaten Winkel hängen zu lassen. Oder man „vergisst" es auch, wie man bei einem Umzug allzu Entbehrliches einfach liegen lässt und nicht mitnimmt.
Und wir? Interessieren wir uns tatsächlich für das Kreuz? Als man es uns bei unserer Taufe auf die Stirn zeichnete – ist es uns da eingegangen als unauslöschliches Siegel? Das Kreuz ist, wie unser Glaube insgesamt, ein Mysterium. Diesen Ausdruck gebrauchten die Alten, um zu sagen, dass etwas ganz wesentlich, aber letztlich unerklärbar ist. Das ist das Kreuz wirklich: unerklärbar. Das geht uns auf, wenn wir – mit unserem christlichen Glauben – bei einem vom Kreuz gezeichneten Menschen stehen. Ganz still werden wir dann, ganz hilflos – hoffentlich. Vielleicht ist es möglich, diesem Menschen,

schweigend, ohne Worte, das Kreuz auf die Stirn zu zeichnen? Wir können es wirklich nicht erklären. Alle Erklärungsversuche, auch die gelehrt theologischen, werden dann allzu leicht zu Geschwätz.

Worum geht es dann? Darum, sich das Kreuz erklären zu lassen. Von wem? Von Gott selbst. Er tut es in dem, was wir die Offenbarung nennen, ich meine die Heilige Schrift. Jesus tut es da. Und es geschieht in den heiligen Zeichen der Liturgie, eben jetzt in dieser Feier. In der Apostelgeschichte (8,26ff.) liest der äthiopische Kämmerer den Propheten Jesaja, gerade die Stelle, die wir eben in der Lesung gehört haben: „Wie ein Lamm, das man zum Schlachten führt, so tat er seinen Mund nicht auf" (Jes 53,7). Der Apostel Philippus erklärt ihm, dass das von Jesus geschrieben ist. Um Jesus Christus und das, was er am Kreuz getan hat, geht es in der ganzen Heiligen Schrift. So lesen wir Christen die Bibel. Und Jesus selber spricht, während er mit seinen Jüngern zusammen ist, drei Mal von seinem Leiden und fasst das dann nach der Auferstehung noch einmal zusammen: „Begreift ihr denn nicht? Wie schwer fällt es euch, alles zu glauben, was die Propheten gesagt haben. Musste nicht der Messias all das erleiden, um so in seine Herrlichkeit zu gelangen? (Lk 24,25f.).

Wenn wir gleich das Kreuz verehren, dann beten wir den an, der daran gehangen hat. Wir küssen es und sprechen dabei: „Ich danke dir, Herr Jesus Christ, dass du für mich gestorben bist." Wenn das nicht nur heute am Karfreitag geschieht, sondern wenn es Inhalt unseres täglichen Glaubens ist, dann bekommen wir eine Beziehung zum Gekreuzigten; dann wird das Kreuz für uns zum Zeichen des Heiles. Es hilft uns, die Welt zu verstehen und unser eigenes Leben. Alles, wirklich alles trägt die Signatur des Kreuzes. Aber wir werden auch in die Lage versetzt, den Glanz von Ostern wahrzunehmen. Unser Lebensweg, so will es Gott, ist der Weg Jesu: Durch das Kreuz zum Heil. Dabei hält er, der Herr, unsere Hand. Ja, das Kreuz ist das einzige Zeichen der Hoffnung in dieser Welt, und ohne das Kreuz müssten wir Menschen verzweifeln. Und wenn man es wegnimmt aus dem öffentlichen Bewusstsein, dann müssen wir Christen es umso mehr aufrichten in unserem Herzen. Denn so erfüllt sich an uns und an der ganzen Welt die Verheißung Jesu: „Wenn ich über die Erde erhöht bin, werde ich alle an mich ziehen“ (Joh 12,32).

8. Die Signatur des Kreuzes in unserem Leben

(Karfreitag 2011)

Das Zeichen unseres Glaubens, wie er gerade auch in dieser Feier zum Ausdruck kommt, ist das Kreuz. Das Kreuz, an dem Christus unser Erlöser auf dem Berg Golgota hängt. Seitdem ist das Zeichen des Kreuzes überall auf der Welt aufgerichtet. Es ist gut zu wissen, dass das Kreuz noch nie, zu keiner Zeit, unumstritten war. Seit Jesus daran starb, ist es das Zeichen des Widerspruchs. Dieser erhebt sich nicht nur von außen uns Christen gegenüber. Was noch viel schwieriger ist: Es gibt ihn auch mitten unter uns, auch in unserem eigenen Innern. Wir lehnen uns auf gegen das Kreuz in unserem eigenen Leben, wollen nicht, dass unser Leben insgesamt die Signatur des Kreuzes trägt. Warum trifft mich das? Warum ist mir das auferlegt? Warum? So etwa lässt sich diese Auflehnung zusammenfassen. Letztlich will diese Feier erreichen, dass wir uns zum Kreuz stellen, wie die Mutter Jesu, wie Maria die Frau des Klopas, wie Maria Magdalena und wie der Lieblingsjünger. Gerade haben wir das im Passionsbericht wieder gehört.

Darum ist die Frage so wichtig: Was bedeutet mir das Kreuz? Das Kreuz, das etwa in meiner Wohnung hängt, in meinem Zimmer, das auf meinem Schreibtisch steht, so dass ich es eigentlich immer vor mir habe. Was ist mir das Kreuz? Christ sein bedeutet, darauf eine Antwort wissen, weniger im Intellekt als viel mehr im Herzen. Dort muss das Kreuz mir sozusagen eingebrannt sein. Hier an dieser Stelle möchte ich für mich eine Antwort versuchen, wohl wissend, wie fragmentarisch und unvollkommen sie auffallen wird, auch wie subjektiv.

Das Erste möchte ich im Blick auf den Passionsbericht so zu umschreiben versuchen: Am Kreuz hängt der Herr mit durchbohrter, geöffneter Seite. Die Seitenwunde Jesu ist mein Zufluchtsort. Dort kann ich mich bergen mit allem, was mein Leben schwer und auch bitter macht. Aber nicht nur das: Dort hinein kann ich alle mitnehmen, die mir lieb sind, deren Schmerz und Leid mir selber weh tut. Ja, dort berge ich alles Leid der Welt. Das der Menschen, die in Japan unter den Folgen der Erdbebenkatastrophe leiden; das der Straßenkinder in Brasilien, der afrikanischen Flüchtlinge und nicht zuletzt das der vielen Menschen hier bei uns, die keine Hoffnung und keine Zukunft haben.

Damit hängt ein anderes eng zusammen. Jesus hat im Hinblick auf sein Kreuz gesagt: „Wenn ich über die Erde erhöht bin, werde ich alle an mich ziehen“ (Joh 12,32). Das Kreuz ist für mich der Inbegriff der Liebe. Am Kreuz hängt der, der mich unbedingt – ohne Bedingung –liebt, so wie ich bin, und nicht wie ich eigentlich sein sollte. Er nimmt mich an und zieht mich an sein Herz, mit meinen Grenzen und Schwächen, sogar mit dem ganz Hässlichen an mir: der Sünde. Eines meiner Lieblingsworte steht im Galaterbrief das heiligen Paulus: „Ich lebe im Glauben an den Sohn Gottes, der mich geliebt und sich am Kreuz für mich hingegeben hat“ (Gal 2,20). Vom Kreuz her zieht Jesus mich an sich, aber nicht nur mich, in gleicher Weise alle, jeden Menschen, so unvorstellbar das erscheinen mag. So ist das Kreuz das Zeichen, das uns letztlich alle zusammen führt. Wer sich von der Liebe Jesu ziehen lässt, dem dürfen die Anderen nicht gleichgültig sein. Der trägt Verantwortung, dass es allen gut geht. Der sagt nicht zuerst: ich, sondern wir.

Am Kreuz hängt der – Gottes Sohn –, der allein Sinn in unser Leben bringen kann. Wie schrecklich, wie öde, wie hoffnungslos ist das Leben ohne einen lebendigen Sinn. Vor dem Kreuz denke ich an das Wort Jesu: „Wer sein Leben retten will, wird es verlieren; wer aber sein Leben um meinetwillen und um des Evangeliums willen verliert, der wird es retten“ (Mk 8,35). Dieses Wort halte ich für eines der wichtigsten, was den Sinn des Lebens angeht, gerade heute. Wie unbändig ist heute der Durst nach Leben, aber auch wie verzweifelt und tragisch. Etwas vom Leben haben, das bedeutet alles. Und gemeint ist oft nur Genuss, billiger Genuss. Gemeint sind Dinge, die – so schön und kostbar sie sein mögen – das Leben doch nie erfüllen können. Sich das Leben selbst verschaffen können, indem man sich dies oder jenes nimmt und dann hat, ist eine verhängnisvolle Illusion. Sie führt mitten hinein in Enttäuschung und Leere. Darin besteht das Unglück gerade unserer westlichen Welt. Im Blick auf Jesus am Kreuz erkennte ich das Leben, das „Leben in Fülle“, wie er es genannt hat (Joh 10,10). Wahres Leben gibt es nur für den, der die Hingabe wagt, der nicht ängstlich auf sich, auf sein Recht, auf seine Position bedacht ist. Der sein Ich loslassen kann, weil er weiß: Da ist einer, der mich hält, ja der mich trägt, mich durch dieses Leben trägt. Wenn du mir nachfolgst, hat er gesagt, wenn du dich in allem auf mich verlässt, dann wirst du leben, jetzt schon, hier in dieser irdischen Welt und erst recht im Leben der Ewigkeit.

Das ist für mich das Kreuz, das Zeichen lebendiger Hoffnung. Ich verstehe gut, dass die Alten es geschmückt haben mit Edelsteinen und Palmen als Siegeszeichen, dass für sie das Kreuz Blätter und Blüten trieb. Ja, es ist fruchtbar, lieb und teuer für den, der glaubt und sich in seinem Glauben dem Herrn überlässt.

9. Das Ganze unseres Glaubens

(Karfreitag 2012)

Diese Feier vom Leiden und Sterben Jesu Christi besteht aus vier Teilen: dem Wortgottesdienst, der Kreuzverehrung, den Großen Fürbitten und der Kommunion. Angelpunkt bei allem ist das Kreuz. Immer wird unser Blick auf das Kreuz gelenkt und auf den, der daran hängt um unseres Heiles willen: Jesus Christus. Die Feier ist schlicht und bei allem, was uns ergreift, nüchtern; sie ist, so muss man sagen, wesentlich. Uns geht dabei auf, dass das Kreuz mit seiner Bedeutung unser Verstehen-Können übersteigt. Wir können nicht fassen und auch nicht hinreichend erklären, was da geschehen ist. Da ist einmal der historische Vorgang. Das Glaubensbekenntnis nennt mit ganz wenigen Worten lediglich die Fakten: „Gelitten unter Pontius Pilatus, gekreuzigt, gestorben und begraben." Aber es gibt da doch, und das ist das Wichtigste, die Tiefendimension. An manchen Stellen des Neuen Testamentes ist die Rede vom göttlichen Müssen: „Musste nicht der Messias all das erleiden?" (Lk 24,26). Jesus muss den Kelch des Leidens trinken (vgl. Mk 14,36). Der große Theologe Romano Guardini hat gegen Ende seines Lebens gesagt, er habe eine Frage an Gott, eine einzige, wenn er im Sterben zu ihm komme: „Warum ist das Kreuz der Weg zum Leben?"

Nicht erst in unseren Tagen erfährt das Kreuz Unverständnis und Ablehnung. Der heilige Paulus sagt bereits, dass es für seine Zeitgenossen „Ärgernis" und „Torheit" ist (1 Kor 1,23). Das Kreuz ist nur zu erfassen durch Glauben, durch Liebe und durch Gebet. Das ist der Sinn dieser Feier, zu der wir jetzt hier versammelt sind.

Ein Höhepunkt ist die Kreuzverehrung. Das Kreuz wird uns gezeigt mit den Worten: „Ecce lignum crucis – Seht, das Holz des Kreuzes, an dem Christus, das Heil der Welt, gehangen!" Und dann kann jeder und jede kommen und das Kreuz verehren, auf seine ganz persönliche Weise: durch Niederknien, durch einen Kuss, durch Berühren oder indem man die Stirn darauf legt. Das ist der Ausdruck unseres Glaubens, dass Jesus, der Gekreuzigte, um unsere Lebenslast weiß; dass er sie getragen hat; sie uns tragen hilft; uns Kraft schenkt und Trost, ganz tiefen Trost durch sein Mitleiden. Alle haben wir ja irgendwie Schweres zu tragen: Krankheit oder Kummer oder Enttäuschung; manche tragen schwer an ihrem eigenen Leben; es gibt so viele Regionen auf der Welt, wo Menschen unsäglich leiden müssen.

Der Sinn der Kreuzverehrung ist die Erfahrung der Liebe Gottes. Wir müssen uns da gleichsam selber loslassen – in die Liebe Gottes hinein, in seine barmherzigen Arme hinein, mit denen er uns umfasst.

Angesichts des Kreuzes muss unser Verstand kapitulieren. Oder besser: er muss sich dem Denken Gottes angleichen. Was nämlich in unserem Denken Schwäche und Torheit ist, das ist – so wieder Paulus im 1. Korintherbrief (1,27f.) – im Denken Gottes Kraft und Weisheit. „Meine Gedanken sind nicht eure Gedanken, und meine Wege sind nicht eure Wegen", heißt es (Jes 55,8). Wenn wir zur Wirklichkeit Gottes vorstoßen – letztlich geht das nur durch Gnade –, dann leuchtet uns die unvergleichliche Schönheit unseres christlichen Glaubens auf, und wir werden damit froh.

Unser Glaube ist ein unteilbares Ganzes. Die Kreuzverehrung bedeutet nicht nur, im Kreuz das Symbol des Leidens zu sehen. Das Kreuz ist gleichzeitig das Zeichen der Überwindung und des Sieges. Für uns

Christen ist das Kreuz immer umstrahlt vom Auferstehungslicht. Wir können und dürfen es gar nicht anders sehen. Am Palmsonntag haben wir es mit dem grünen Palmzweig geschmückt, der das Zeichen des Lebens und des Sieges ist, des Sieges über den Tod. Unser Laacher Kreuz, das wir gleichverehren werden, drückt diese doppelte Wirklichkeit treffend aus: Es zeigt einerseits, so sehen wir es gleich bei der Kreuzverehrung, den gekreuzigten Jesus Christus; auf der anderen Seite ist es durch schöne Steine geschmückt und symbolisiert seinen Triumph über den Tod. Das ist zugleich auch eine Deutung unseres eigenen Lebens: Durch manches Schwere, Dunkle hindurch gehen wir in die Weite und in das Licht hinein. Wir dürfen nie den Lichtglanz übersehen, den der Glaube schenkt; in unserer eigenen Erbärmlichkeit und Sünde nicht – unser Leben ist viel mehr: es ist von Gott geliebt, ganz und gar; und im Leben unserer Kirche nicht: sie besteht aus sündigen Menschen und ist doch die Gemeinschaft der Heiligen.

Das Ganze unseres Glaubens: An Weihnachten sehen wir das Kindlein in der Krippe, Gott, der aus Liebe zu uns Mensch wird und unser Leben mit uns teilt. An Karfreitag sehen wir den Mann am Kreuz, geschunden und gequält, voller Schmerzen. Gerade haben wir die Lesung gehört, das Gottesknechtslied aus dem Propheten Jesaja (Jes 52): „Er hat unsere Krankheit getragen und unsere Schmerzen auf sich geladen." Solidarität ist dafür nur ein schwaches Wort. Es ist viel mehr totale Liebe. „Da er die Seinen liebte, liebte er sie bis zur Vollendung", heißt es bei Johannes (13,1), das heißt, er liebt uns, wie mehr nicht möglich ist. Das ist unser Gott. Das wird uns heute, am Karfreitag verkündet, und das glauben wir. Und wir sollen es auch der Welt verkündigen, durch unser christliches Leben.

Das letzte Wort, das Jesus im Passionsbericht des Evangelisten Johannes spricht, wir haben es eben gehört, lautet: „Es ist vollbracht!" (Joh 19,30). Damit fasst er alles zusammen, was gewesen ist: seine Menschwerdung – aus purer Liebe zu uns; sein Wirken – in der Apostelgeschichte steht, um Jesus zu beschreiben, der wunderbare Satz: „Er zog umher, tat Gutes und heilte alle" (10,38); sein Leiden und Sterben und Auferstehen. Mit dem „Es ist vollbracht" sagt er: Aus Liebe bin ich in diese Welt gekommen; mein Leben bis zum letzten Atemzug war Liebe; und es wird immer, immer Liebe sein.

10. Für mich

(Karfreitag 2013)

Wir haben wieder den Bericht über das Leiden und Sterben Jesu gehört, wie ihn der Evangelist Johannes aufgezeichnet hat. Der Vortrag wurde durch unsere Lieder unterbrochen. Das ist wie eine Meditation. Es geht um unsere Aneignung des Geschehens im Glauben. Nur so kann uns das, was da mit Jesus geschehen ist, was da „für uns", „um unseres Heiles willen" geschah, erreichen.

Der Bericht ist für uns zweifellos schwierig, und zwar aus verschiedenen Gründen. – Der Vorgang ist grausam. Da wird ein Mensch zu Tode gequält. – Bei dem Ganzen geht es um Gott. Das alles hat mit Gott zu tun. Und wir kommen nicht umhin zu fragen, was für ein Gott das ist. Er ist anders, völlig anders; er übersteigt unser Vorstellungsvermögen. – Und was da geschehen ist, vor 2.000 Jahren, das geschah für uns, für mich, für unser Heil. Wie schwer es ist, das an sich heran zu lassen, ging mir auf, als ich vor Jahren im Seniorenheim am Bett einer alten Frau stand, die im Begriff war zu sterben. Im Lauf des Gesprächs zeigte sie auf das Kreuz und sagte: Für mich hätte der das nicht zu tun brauchen.

Diese Aneignung, diese Erkenntnis „für mich" ist ein Vorgang der Gnade Gottes. Er muss uns das Verstehen schenken. Von uns allein aus können wir das nicht. Es geht auch um eine Art Wachstumsprozess. Ich muss mich dabei öffnen. Ich muss Gott immer wieder bitten: Lass mich verstehen, was Jesus da für mich und für alle Menschen getan hat. Was dann zustande kommt, hat der heilige Paulus in dem Satz zusammengefasst: „Ich lebe im Glauben an den Sohn Gottes, der mich geliebt und sich für mich hingegeben hat" (Gal 2,20).

Es geht um Grundfragen unseres Lebens: Liebe und Leid. Jedes wahre Menschenleben hat auch mit Passion zu tun. Und was Gott angeht, so kann man sagen: Die ganze Bibel, die Offenbarung Gottes, ist nichts anderes als ein Passionsbericht. Sie handelt von der Passion Gottes für uns Menschen, die wir seine Lieblingsgeschöpfe sind, mit denen er es nicht leicht hat. Die Passion Jesu auf Golgota ist sozusagen der Höhepunkt dieser Passion Gottes. So weit geht Gott in seiner Liebe zu uns. In Jesus wird er ein Leidender. Was ist der Sinn? Er will uns, dich und mich, erreichen.

Ich möchte jetzt unsere Aufmerksamkeit auf eine ganz bestimmte Stelle im Passionsbericht lenken, auf eines der Worte, die Jesus am Kreuz gesprochen hat: „Ich habe Durst“ (Joh 19,28). Es lohnt sich, hier etwas zu verweilen. Nur Johannes hat das als ausdrückliche Aussage, diesen Wunsch Jesu, etwas zu trinken. Und tatsächlich gibt ihm einer zu trinken, ein Akt der Barmherzigkeit, und Jesus nimmt es an.

„Ich habe Durst.“ Das ist sicher zuerst ein physisches Bedürfnis, ein Ausdruck der schrecklichen Qual des Gekreuzigten, der nach Linderung verlangt.

Aber zweifellos geht es im Bericht des Johannes um mehr. Jesu Durst ist ein Durst nach Menschlichkeit, nach Zuwendung, nach Liebe.

Und wir können noch tiefer ansetzen, uns von der Exegese der Alten inspirieren lassen: Jesus dürstet nach den Seelen der Menschen. Damit wäre das Grundanliegen der ganzen Bibel erfasst: Gottes Verlangen nach uns Menschen.

Es gibt noch eine andere in dem Zusammenhang wesentliche Stelle im Johannesevangelium (Kap. 4): Jesus wandert durch Samarien und kommt an den sog. Jakobsbrunnen. Dort setzt er sich nieder. Da kommt eine Frau mit einem Schöpfgefäß, und Jesus bittet sie: „Gib mir zu trinken!" Der ganze Zusammenhang zeigt, dass es ihm dabei um den Glauben dieser Frau geht.

In diesem Zusammenhang denke ich an Mutter Teresa. Ihre ganz Spiritualität und die ihrer Schwestern, die Motivation, den Armen zu helfen, besteht darin, dass diese Jesu Liebe spüren sollen. Ihn selber aber dürstet nach der Liebe der Menschen. Durch die Hilfe der Schwestern – durch unsere Hilfe – will er alle Notleidenden, alle Hilfsbedürftigen, alle an der Seele Leidenden an sich ziehen.

Kurz bevor Jesus das Leiden auf sich nimmt, spricht er das Wort: „Wenn ich über die Erde erhöht bin, werde ich alle an mich ziehen" (Joh 12,32). Das ist der tiefe Sinn des Kreuzes. Es offenbart die Liebe Gottes, der uns alle an sein Herz ziehen will. Es offenbart auch den Sinn unseres Christseins, den Sinn der Kirche: nämlich sich von Jesus „gezogen", geliebt wissen – und selber Andere ziehen, und zwar zu Ihm hin. Der Sinn der Kirche ist eine ganz tiefe Menschenliebe, ist Sorge um den Menschen, um sein Heil, wie der alte Ausdruck heißt. Wir Menschen brauchen ja mehr als Dinge und Wohlstand für unser Leben; wir brauchen Erfüllung. Nur Jesus kann die Sehnsucht der Menschen erfüllen. Zu der Samariterin hat Jesus gesagt: „Das Wasser, das Ich zu geben habe, wird im Menschen zu einer sprudelnden Quelle."

Jesus ist die Quelle des Lebens. Und wir müssen zum Kreuz hinzutreten, es verehren, ihn, der daran hängt, um den Glauben bitten. Seine Liebe erfahren. Er will uns alle an sich ziehen.

11. Der Weg zum Osterglauben

(Osternacht 2004, Lk 24,1-12)

Dieses Evangelium klingt noch wenig österlich. Fast möchte ich sagen: Es ist vorösterlich, was den Glauben der beteiligten Personen angeht. Zwar ist da vom leeren Grab die Rede und von der Botschaft der Engel. Aber über den Osterglauben wird noch nichts gesagt.
Die Frauen mit den Salben gehen zum Grab, um dem toten Jesus den letzten Liebesdienst zu erweisen. Sie hören dort als erste die Osterbotschaft: „Was sucht ihr den Lebenden bei den Toten? Er ist nicht hier, sondern er ist auferstanden." Die Apostel, denen die Frauen ihr Erlebnis berichten, halten das alles für Geschwätz. Petrus geht dann zum Grab und schaut nach; aber das leere Grab führt bei ihm lediglich zur Verwunderung.

Was ist das – der Osterglaube?
Die Worte „ratlos", „erschrecken" und „Verwunderung" im Evangelium geben eine Richtung an. Sie lassen uns erkennen, dass das, was da mit Jesus, dem Gekreuzigten, dem am Kreuz Umgebrachten geschah, für den Verstand allein nicht fassbar ist: Er lebt.
Wo Menschen nur Katastrophe, Scheitern und das Ende sehen, da beginnt für Gott gerade das Neue. „Er ist auferstanden." Können wir denn heute erfassen, was das bedeutet? Oder haben die zweitausend Jahre Osterglauben uns abgestumpft? Das christliche Abendland – fast sieht es so aus, als stürbe es einen langsamen, aber sicheren Tod. Und ist Christus nicht tot in den Herzen so vieler? Schläft der Osterglaube vielleicht sogar in unserem eigenen Herzen? „Die Botschaft hör' ich

wohl, allein mir fehlt der Glaube" (Goethe, Faust). Diese Worte der Dichtung drücken die Situation auch vieler Menschen heute aus.
„Der Herr ist auferstanden. Er ist wahrhaft auferstanden." Viele stehen vor diesen Kernsätzen des christlichen Glaubens wie vor einer fest verschlossenen Tür, zu der sie keinen Schlüssel haben. Wenn die Umfragen verlässlich sind, dann wäre es so, dass zunehmend immer weniger Christen an die Auferstehung und das ewige Leben glauben.
Und doch, so mancher - oder sind es sogar viele? - möchte gern Anteil haben an diesem Glauben, der das Leben so strahlend machen kann wie bei Mutter Teresa und Johannes XXIII. und so manchen anderen, die nicht öffentlich bekannt sind, die wir aber umso besser kennen.

Wie kommt man zu diesem Glauben, dass der Herr lebt und dass sein neues Leben unser armes Leben so ganz erfüllt, ihm Glanz verleiht und Tiefe gibt?
Dazu müssen wir weiterblättern im Lukasevangelium zur folgenden Emmausgeschichte, in der dann wirklich Ostern ist. Da wird uns deutlich, wie zum Osterglauben ein langer Weg führt. Man geht ihn über weite Strecken vielleicht ratlos und traurig, nicht ahnend, dass Jesus ihn mitgeht. Er ist dabei, er ist immer dabei, wo Menschen redlich fragen und suchen und sich nach mehr Leben sehnen. Das gehört auch zum Osterglauben: Er ist der Gott, der in allen Tiefen unseres menschlichen Lebens anwesend ist und sie mit durchleidet.
Auf diesem Weg zum Osterglauben braucht es Zeugen. Es braucht das Glaubensleben christusbegeisterter Menschen. Edith Stein, die atheistisch gewordenen Jüdin, die so ruhelose um die Wahrheit rang, schlug nachts, als sie nicht schlafen konnte, in der Wohnung ihrer Freundin wie zufällig das Buch einer christusbegeisterten Frau auf, der

Teresa von Avila. Sie las die ganze Nacht darin und sagte dann: „Das ist die Wahrheit."

Jesus ist der, der unser Herz berührt, so dass es glauben kann und vor Glauben brennt. Er kann das direkt tun. Aber meistens tut er es durch Zeugen, weil Glaube sich an Glauben entzünden soll. Wir brauchen notwendig einer den Glauben des andern, das ist ja auch Kirche. Wir sollen uns gegenseitig zum Glauben helfen. Unverzichtbar ist hierbei das Glaubensgespräch, das Erzählen von dem, was uns innerlich Halt und Richtung gibt. „Als es mir damals so schlecht ging und ich nicht mehr ein und aus wusste, da habe ich im Glauben diese Erfahrung gemacht." Der andere hört es, hält inne, denkt nach und sucht nach den Bezugspunkten im eigenen Leben. Wir müssen die weit verbreitete Schüchternheit überwinden, über unseren Glauben zu sprechen. Das muss sein. „Miteinander Zuspruch empfangen im Glauben", nennt der heilige Paulus das im Römerbrief (Röm 1,12). Unverzichtbar ist auch der Gottesdienst, so wie wir jetzt hier miteinander feiern, das gemeinsame Hören der Heiligen Schrift, das Beten und Singen. Dadurch wird der Glaube gestärkt.

Es braucht also auf jeden Fall das Wirken Gottes, die Gnade, wie wir sagen, damit in unserem Herzen Ostern wird. Wir können das nicht selber machen. Alle aber, die es erfahren haben, sagen, dass Gott jedem, der sich sehnsuchtsvoll ausstreckt, der ein ehrlich suchender Mensch ist, die Gnade schenken wird.

Ein großes Problem unserer Zeit, würde ich sagen, ist die Übersättigung und die Betäubung. Das viele, das wir haben und uns leisten können, macht uns stumpf und unempfänglich. Es ist eine echte Gefahr, wenn man so viele Dinge hat, Gott nicht mehr zu brauchen. Und Gott kommt wohl auch nicht in ein übersättigtes Herz. Gott will zu dem kommen, der

sich bedürftig weiß, der erlösungsbedürftig ist, der weiß, dass er sich selber im Entscheidenden nicht helfen kann. Gott kommt zu dem, der seine eigene Armut erkennt und nach einem Reichtum verlangt, den materielle Güter niemals stillen können.
Wenn wir in diesen Tagen die Apostelgeschichte lesen – und ich würde uns allen empfehlen sie zu lesen! –, dann begegnen wir dort in der werdenden Kirche dauernd Menschen, die ganz offen sind für das unerwartet Neue und Erfüllende, das nur Gott schenken kann. Lassen wir uns von der Lebendigkeit und Frische des Glaubens, wie sie uns dort begegnet, anstecken. Es ist dann das Wort Gottes selbst, das in uns seine Kraft entfaltet. Wer offenen Herzens liest und hört, der wird ganz sicher beschenkt und auf den Weg gebracht.

Gehen wir in unserer Betrachtung einen Schritt weiter. Der Osterglaube - wenn wir denn in aller Demut sagen dürfen, das wir gläubig sind – wie leben wir ihn? Wie leben wir aus ihm? Zur Beantwortung dieser entscheidenden Frage greife ich auf Worte zurück, die Jesus im Abendmahlssaal gesprochen hat. „Ich lebe, und auch ihr werdet leben", hat er da gesagt (Joh 14,19). Wer an die Auferstehung glaubt, der nimmt das Leben wahr. Zuerst das Leben, das er vom Herrn her in sich trägt, das Auferstehungsleben; denn er hat uns verheißen, dass er in uns sein wird. Das ist ganz wichtig: In mir lebt Jesus Christus mit seiner ganzen österlichen Kraft! Er will mir neue Lebensdimensionen eröffnen. Er will mich zum Leben verlocken, zu einem Leben, wie er selber es geführt hat. Und das nur ist das wahre Leben.
Ich bin dann nicht mehr gefangen in mir selbst. Ich brauche dann auch keine Angst mehr zu haben, im Leben zu kurz zu kommen. Ich brauche nicht übermäßig um mich selbst besorgt zu sein und mich nicht mit

Gewalt durchzusetzen im gnadenlosen Konkurrenzkampf unserer Tage – weil ER ja da ist. So wird das Leben frei, frei in Gott. Ich kann dann ohne Berechnung Liebe und Güte verschenken. Es gibt ja so viele Möglichkeiten, sein Christsein zu eben, und die Welt hungert geradezu danach. „Habt Euch nur weiterhin gegenseitig alle sehr lieb", schrieb Angelo Roncalli, der spätere Johannes XXIII., an seinen Bruder Giuseppe (22.9.1942). Genau das ist sie, die Kraft von Ostern. Sich gegenseitig lieb haben, nicht nur hin und wieder, wenn einem danach ist, sondern auf Dauer, immer, weil wir Menschen das so brauchen. Das ist schon groß, sich so lieb haben. Und daraus – nur wenn das stimmt – wächst dann noch Größeres, nämlich die Gerechtigkeit und der Friede der Welt, woran wir alle mit unserem Leben beteiligt sein sollen. Es wächst der Einsatz zugunsten der Armen, den Jesus den Seinen so ans Herz gelegt hat. Wir werden dann zu Mitarbeitern an Gottes neuer Welt.

Zum Schluss noch: Wie können wir denn unseren Osterglauben weitergeben?

Jetzt brauche ich bloß noch zu vertiefen, was wir gerade bedacht haben; denn das ist ja schon die Weitergabe des Glaubens: sich gegenseitig sehr lieb haben. Aber ich möchte unbedingt noch etwas erzählen, was ich dieser Tage fand. 1967 hat P. Pedro Arrupe, der spätere Generalobere der Jesuiten, ein Buch geschrieben mit dem Titel: „Als Missionar in Japan" (P. Arrupe, Als Missionar in Japan, München 1967. Hier 74-78). Er erzählt darin auf beeindruckende Weise von den außergewöhnlichen Wegen Gottes mit uns Menschen. P. Arrupe führte lange Gespräche mit einem Japaner, der überlegte, ob er sich taufen lassen sollte. Eines Tages fragte er ihn: „Pater, glauben Sie, dass man die Existenz Gottes beweisen kann?" „Selbstverständlich kann man das“, war die Antwort des hervorragend gebildeten Priesters. Und es folgte eine zweistündige hochintellektuelle Darlegung mit Hilfe der philosophischen Gottesbeweise, wie sie der heilige Thomas von Aquin entwickelt hat. Aber am Gesicht seines Zuhörers erkannte der Pater, dass dieser kein Wort verstand. Und so sagte er dann auch: Ich habe nichts von alledem verstanden. - Aber ich werde mich taufen lassen. P. Arrupe war völlig sprachlos: Wieso das jetzt? Die Antwort: Ich hatte Gelegenheit, Ihr Leben über viele Monate zu beobachten; dabei habe ich Ihren Glauben wahrgenommen, das genügt mir.

So will es Gott. Wir sollen unseren Glauben in der Kraft unseres auferstandenen und in uns lebendigen Herrn so leben, dass er fruchtbar wird und dass sich Glaube an Glauben entzünden kann.

12. Das neue Leben entdecken

(Ostersonntag 2004, Joh 20,1-9)

Der Tod Jesu am Kreuz war kein Ende, so verkündet uns das Evangelium. Am Ende, oder besser: am Anfang steht das Leben. Jesu Auferstehung ist unser Leben; denn sie zeigt uns, worauf unser menschliches Leben ausgerichtet ist: Auf den Glauben an die Auferstehung Jesu und dadurch zur Mitwirkung an der Gestaltung der neuen Welt, die mit der Auferstehung Jesu begonnen hat. Der Glaube an die Auferstehung ist Glaube eines jeden einzelnen Christen, aber auch der gemeinsame Glaube der Kirche, den sie in dieser Welt zu bezeugen hat.

Dies kommt in unserem Osterevangelium sehr schön zum Ausdruck. Es handelt von den Erfahrungen einzelner Menschen, die zusammen das Zeugnis der Kirche ausmachen. Die Offenbarung der Osterbotschaft vollzieht sich in mehreren Schritten, die wir miteinander betrachten wollen.

Da ist Maria von Magdala, die in der Dunkelheit des frühen Morgens zum Grab Jesu geht. Sie sieht, dass der Stein, der das Grab verschloss, weggenommen ist. Das macht sie ratlos und kopflos. Sie läuft aufgeregt zu Petrus und dem Lieblingsjünger. Ihre Aussage: „Man hat den Herrn aus dem Grab weggenommen, und wir wissen nicht, wohin man ihn gelegt hat", offenbart ihre tiefe Verständnislosigkeit. So reagiert ein Mensch angesichts des unerhörten Faktums der Auferstehung; er versteht Gott und die Welt nicht mehr. Wir heute haben uns zu sehr daran gewöhnt, dass das Ende unvermeidlich ist. Tod, Entzweiung, Hass, Gewalt, Zerstörung sind Ende von Leben, Gemeinschaft, Liebe, Frieden und Glück. Unser Machbarkeitswahn, mit dem wir in

Technologie und Medizin den Tod zu bannen versuchen, scheint mir geradezu ein Beweis für die Angst vor dem Ende zu sein.
In ihrer Ratlosigkeit sucht Maria die Gemeinschaft der Jünger. Hier deutet sich bereits etwas Wesentliches an, nämlich dass durch die Auferstehung Kirche entsteht, die Gemeinschaft derer, die sich den Glauben an die Auferstehung gegenseitig zuspricht und ihn der Welt bezeugt. Wenn wir das Wesen der Kirche verstehen wollen, müssen wir sie von der Auferstehung her betrachten, weil da ihr Ursprung ist. Der auferstandene Herr, der ihr seinen Geist gibt, ist ihre ständige Kraft. Er durchlebt sie und macht, dass sie in der Welt wirksam sein kann. Den Jüngern genügt es zu wissen, dass ihr Herr lebt. Daraus schöpfen sie die Kraft, die ganze Welt zu verwandeln.
Nun wird erzählt, wie die beiden Jünger zum Grab laufen. Der jüngere läuft schneller und ist zuerst da, lässt aber Petrus den Vortritt. Wir wissen aus anderen Osterberichten, dass dem Petrus eine besondere Bedeutung auch im Ostergeschehen zukam. Seine Erfahrung des Auferstandenen wurde sogar zur Bekenntnisformel, zum österlichen Gruß: „Der Herr ist wirklich auferstanden!" – „Er ist dem Simon erschienen!" (Lk 24,34). Hier nun erscheint Petrus eher als einer, der sich schwer tut. Er betritt das Grab, aber es wird nichts von seinem Glauben gesagt. Von dem anderen Jünger heißt es dann, dass er auch hineingeht und sieht und glaubt. Was sieht er? Dass das Grab leer ist, das gewiss auch. Aber da gibt es den geheimnisvollen Hinweis auf das Schweißtuch, das den Kopf des toten Jesus bedeckt hat. Es liegt nun zusammengefaltet an einer besonderen Stelle. Man ist hier auf Vermutungen und Rückschlüsse angewiesen. Der Lieblingsjünger ist jedenfalls der, dem eine besondere Nähe zu Jesus nachgesagt wird. Er hat die Intuition der Liebe. Im Abendmahlssaal ruht er an der Brust Jesu

(Joh 13,23). Er steht mit Maria und den anderen Frauen unter dem Kreuz (Joh 19,26). Bei der Erscheinung des Auferstandenen am See Tiberias ist er es, der den Herrn zuerst erkennt und ausruft: „Es ist der Herr!“ (Joh 21,7). Man kann fragen, ob er nicht auch hier im Grab aufgrund seiner besonderen Nähe zum Herrn, seiner hingebungsvollen Liebe die rechte Erkenntnis hat? Das Schweißtuch Jesu, so wie es zusammengefaltet da liegt, lässt ihn erkennen, dass dies nur Jesus selber getan haben kann. Das ist nur eine Vermutung, aber der Bericht des Evangelisten legt sie immerhin nahe. Es ist das besondere Charisma des Apostels der Liebe, das er in den Dienst der Auferstehungsverkündigung stellt. Die Liebe weiß mehr! Sie sieht die tiefere Wirklichkeit. So wird uns bewusst, dass wir die Augen unseres Herzens öffnen müssen für das neue Leben der Liebe, das Jesus uns in seiner Auferstehung geschenkt hat. Der Glaube an die Auferstehung schenkt uns tatsächlich die Kraft, mitten in dieser Welt der Gewalt und des Todes das neue Leben zu entdecken, das keine Macht der Welt mehr vernichten kann.

Bleibt noch der Hinweis des Evangelisten auf die Heilige Schrift. Sie macht uns mit dem Heilsplan Gottes vertraut. Sie erzählt uns vom lebendigen Glauben der Jünger, von der Kirche, die den auferstandenen Herrn in ihrer Mitte weiß, und vom Heiligen Geist, der seine Gaben denen gibt, die sie zum Wohl aller Menschen einsetzen. Wenn wir die Schrift lesen, ändert sich unsere Einstellung zur Welt, und wir bekommen den Mut, dem Bösen, der Ungerechtigkeit, dem Leid und dem Tod zu widerstehen – in der Kraft, die Jesus uns schenkt.

13. Ostern ist Begegnung

(Osternacht 2005, Mt 28,1-10)

Was ist Ostern?
Das Evangelium gibt auf diese Frage eine klare Antwort:
Ostern ist Begegnung mit dem Herrn, der lebt, und der sagt: „Ich lebe, und auch ihr werdet leben“ (Joh 14,19).
Ostern ist Freiheit von Angst, weil der Auferstandene sagt: „Fürchtet euch nicht!“
Ostern ist Sendung, ist Mission, weil es heißt: Geht, und sagt das weiter, dass Jesus lebt, unbedingt! Sagt es allen Menschen, ja sagt es der ganzen Schöpfung (vgl. Mk 16,15).

Das Osterfest ist in jedem Jahr der Anlass zu tiefgründigen Reflexionen in den Zeitungen und Zeitschriften, über Gott und die Welt, ob die Auferstehung wahr ist und ob unsere Welt dadurch eine andere, bessere geworden ist. Diese Betrachtungen haben ihren Wert, und ich möchte sie nicht schmälern.
Aber jetzt, hier, geht es doch um etwas anderes. Woran ist das zu merken? Vor Aschermittwoch ist das „Alleluja“ verstummt. Eben aber ist es wieder erklungen mit allem Jubel, der darin liegt:
„Confitemini Domino, quoniam bonus, quoniam in saeculum misericordia eius. – Danket dem Herrn, denn er ist gut, in Ewigkeit währt sein Erbarmen.“
In Ewigkeit: Was da begonnen hat, an diesem ersten Tag der Woche, am Grab Jesu, des Gekreuzigten, das hat Gültigkeit – auch für uns – in alle Ewigkeit! An Ostern Gottesdienst feiern, heißt nicht grübeln, sondern jubeln, und zwar aus vollem Herzen, mit einem Jubel, der ansteckt und

mitreißt. Das sind wir Christen unserer Welt schuldig, und ich behaupte sogar, dass sie genau das von uns erwartet. Dieser Jubel gilt dem Leben, das der auferstandene Jesus uns gebracht hat.
Was ist das für ein Leben?
Mitleben mit Gott, nicht weniger! Durch Jesu Auferstehung, das ist unser Glaube, reicht unser Leben in das Leben Gottes selbst hinein. Wir leben in einer neuen Wirklichkeit, die für immer das Zeichen des Lebens trägt. Seit Jesus auferstanden ist, hat die neue Schöpfung Gottes begonnen. Das ist der ungeheure Anspruch unseres christlichen Glaubens. Er ist Glaube an das Leben, an das nie endende, ewige jubelnde Leben mit Gott.
Ostern ist die Gelegenheit, dafür von Herzen dankbar zu sein, ruhig auch einmal überschwänglich dankbar, damit der Glaube an das Leben auch wirklich eingeht.

Wie spricht unser Evangelium von Ostern?
Damit komme ich auf das zurück, was ich anfangs sagte.
Ostern ist Begegnung. Den Frauen am Grab zeigt sich Jesus als der Lebende. Sie dürfen ihn sogar berühren. Sie fallen vor ihm nieder und umfassen seine Füße. Aber das entspringt klar der Initiative des Herrn. Es ist Gnade. Das Evangelium legt großen Wert darauf, dass der auferstandene Jesus auf ganz neue Weise den Glauben und die Liebe an ihn in den Seinen erweckt. Er verwandelt ihr Herz, so dass es glauben kann.
Und dann gibt es von ihrer Seite aus den Prozess der Annäherung. Der heilige Paulus fasst das ganz prägnant in den Satz: „Christus will ich erkennen und die Macht seiner Auferstehung und die Gemeinschaft mit

seinen Leiden; sein Tod soll mich prägen. So hoffe auch ich, zur Auferstehung von den Toten zu gelangen" (Phil 3,10f.).

Diese Begegnung ist auch uns zugedacht. Jedes Osterfest lässt mich fragen: Ist es für mich Christus, der mir das Leben gibt, so dass ich mit Paulus sprechen kann: „Nicht mehr ich lebe, sondern Christus lebt in mir" (Gal 2,20). Lebe ich in der ständig neuen Begegnung mit seinem Wort, das ja das Wort des Lebens ist? Lebe ich aus den Sakramenten, die mich in lebendigen Kontakt bringen mit ihm? Lebe ich in der Liebe, die der Weg ist, ihn tatsächlich zu erfahren? Bedenken wir, die Heiligen haben in ihren bedürftigen Mitmenschen in realistischem Glauben Gott gesehen!

Ja Ostern ist Begegnung, auch für uns hier und jetzt.

Was ergibt sich daraus?

Zwei Mal fällt in unserem Evangelium der Satz: „Fürchtet euch nicht!" Der Herr lebt. Er lebt für mich. Darum ist Ostern die Freiheit von Angst. Das ist ganz tief zu verstehen. Positiv können wir auch formulieren: Ostern gibt Sicherheit, die tiefe Sicherheit des Glaubens. Ich denke da an ein Psalmwort: „Der Herr hält mich fest an der Hand" (vgl. Ps 37,24).

Mir fällt eine Stelle in einem Roman der evangelischen Schriftstellerin Ina Seidel ein (Das unverwesliche Erbe). Da gibt es eine Frau, die aufgrund von Lebensentscheidungen und Lebensereignissen von dauernden Skrupeln und Ängsten gequält wird, bis hin zur psychischen Krankheit. Dann kommt es zu einen Gespräch mit ihrer Mutter, die sie nach vielen Jahren wieder sieht. Sie erzählt ihr von ihrer seelischen Not. Die Mutter fragt sie: „Ach, liebes Kind, kannst du denn immer noch nicht einfältig glauben?" – „Wie soll ich das jetzt verstehen?", ist die Reaktion der Tochter. – „Wie soll ich dir das erklären, das ‚Fürchte dich nicht, glaube nur!'. Einfach alles vor ihn bringen, einfach alles ihm überlassen." Das ist Ostern: das Schwinden aller und jeder Angst. Vielleicht geht das nicht auf einen Schlag, aber mehr und mehr, so wie der Osterglaube wächst und stark wird. Paulus stellt einmal die radikale Frage: „Was kann uns scheiden von der Liebe Christi?" – und die Antwort lautet: Nichts, rein gar nichts! (Röm 8,35ff.). Ostern ist das Fest unserer Befreiung, das Fest der Freiheit der Kinder Gottes.

Das alles - Begegnung mit dem Herrn und seiner Liebe, tiefe Sicherheit, die der Glaube schenkt – haben wir nicht für uns privat. Es soll vielmehr das Glück aller werden. Ostern will die befreite Schöpfung, die neue Welt Gottes. Darum ist Ostern undenkbar ohne Mission. Dieser Aspekt gehört zu allen Osterberichten. In unserem Matthäusevangelium heißt das so: „Geht schnell zu seinen Jüngern und sagt ihnen: Er ist von den Toten auferstanden ... Sogleich verließen sie das Grab und eilten voll Furcht und großer Freude zu seinen Jüngern, um ihnen die Botschaft zu verkünden" (Mt 28,7f.).
Die an das Geschehen am leeren Grab anschließenden Texte zeigen, wie aus den Jüngern und Jüngerinnen Jesu, die vorher so verschreckt und ängstlich waren, mutige Zeugen der Auferstehungsbotschaft werden. „Wir können unmöglich schweigen über das, was wir gesehen und gehört haben", heißt es etwa (Apg 4,20).

In der langen Reihe dieser Zeugen stehen heute wir, die wir jetzt hier versammelt sind, um Ostergottesdienst zu feiern. Heute kommt es auf uns an. Ich frage mich, worin die eigenartige Zurückhaltung begründet liegt, die uns derzeit eigen ist, wenn es um den Glauben geht? Woher kommt die Scheu, vom eigenen Glauben zu reden und ihn zu zeigen? Religion wird in unserem Land verdeckt getragen, hieß es jüngst in einem Zeitungsartikel. Aber das, was einen wirklich beseelt, hält man das zurück? Aus den ersten Zeugen brach die Osterbotschaft regelrecht heraus.

Ich denke, es ist so: Man muss den auferstandenen Herrn lebendig und verwandelnd persönlich erfahren haben; erst dann kann man ihn verkündigen. Diese Erfahrung können wir nicht machen. Sie ist reine Gnade. Aber am Beispiel des Thomas, der sich so heftig sträubt, wissen wir, wie der Herr sich auch um uns bemüht, wie er heute auch uns erreichen will. Wie wichtig wäre es da, auf „Empfang" zu gehen!

Es gibt eine Dimension des Lebens, die bei uns derzeit sehr zu kurz kommt. Ich meine den Sinn für die Wahrnehmung des Nicht-Machbaren, dessen, was nur Gott schenken kann. Es lohnt sich sehr, in diesen Ostertagen darüber nachzudenken.

Jedenfalls sind wir als Kirche des Auferstandenen ausgesendet. Wir müssen wieder wahrnehmen lernen, wie die Welt uns braucht, d.h. uns braucht wegen der christlichen Botschaft, die wir verkünden sollen, und ohne die die Welt nicht gut leben kann.

Wir sind berufen, die gute Nachricht vom wahren Leben weiterzugeben. Das setzt voraus, dass wir selber wissen, was wir zu geben haben. Heute, in diesem Gottesdienst, erfahren wir es neu: Das Leben, das „Leben in Fülle" (Joh 10,10) oder auch das ewige Leben.

Ewiges Leben, dieses „Fremdwort" heute, betrifft nicht nur das, was einmal kommt. Es beginnt schon jetzt, in der Gemeinschaft mit Jesus Christus, der dieses Leben *ist*. An seiner Person erkennen wir, wie unser Leben gemeint ist. Sein Leben leuchtet für uns als Orientierungspunkt, auf den wir schauen müssen. Öffnen wir die Augen unseres Herzens deshalb ganz weit.

14. Mit Jesus vereinigt

(Osternacht 2007)

Wieder sind wir hier versammelt zur Feier der Osternacht. Was hat das für eine Bedeutung, und was heißt für uns Ostern?
Durch die Liturgie dieser Tage wurden wir eindrucksvoll zum Verständnis von Ostern hingeführt: Ostern bedeutet, dass Jesus Christus für uns gelitten hat und am Kreuz gestorben ist; dass dies aber nicht das Ende war, sondern dass er von den Toten auferstanden ist und ewig lebt – in Gottes Herrlichkeit.
Das ist Ostern. Aber ist das alles?

Mit dem Schicksal Jesu untrennbar verbunden ist das derer, die an ihn glauben und die durch die Taufe ihm verbunden sind. In der Lesung aus dem Römerbrief haben wir es eben gehört: „Wenn wir nämlich ihm gleich geworden sind in seinem Tod, dann werden wir mit ihm auch in seiner Auferstehung vereinigt sein" (Röm 6,5). Getauft sein bedeutet hinein genommen sein in die Erlösungstat Jesu, bedeutet den Keim des ewigen, ja des göttlichen Lebens in sich tragen, heißt jetzt schon, als Mensch auf dieser Erde, angesiedelt sein im Bereich des ewigen Lebens. Der Epheserbrief formuliert das so: „Gott hat uns mit Christus auferweckt und uns zusammen mit ihm einen Platz im Himmel gegeben" (Eph 2,6). Und aus dem Mund Jesu selbst hört sich das so an, kurz und bündig: „Ich lebe, und auch ihr werdet leben" (Joh 14,19).
Wir haben es hier mit dem innersten Kern unseres christlichen Glaubens zu tun. Für das ganze Neue Testament ist die Frage indiskutabel. Ich zitiere noch einmal den heiligen Paulus, der gewissen Meinungsmachern in Korinth entgegen hält: „Wenn wir unsere Hoffnung

nur in diesem Leben auf Christus gesetzt haben, sind wir erbärmlicher daran als alle anderen Menschen“ (1Kor 15,19).
Wieso das? Wenn ich an die Auferstehung glauben, an die Jesu und an meine eigene, dann muss ich auch entsprechend leben; wenn nicht, ist gleich alles egal; dann kann es nur darum gehen, aus diesem Leben herauszuholen, was herauszuholen ist. Wieder Paulus: „Lasst uns essen und trinken, denn morgen sind wir tot“ (1Kor 15,32).

Wir Christen befinden uns derzeit in einem gefährlichen Trend, nämlich dem des gedankenlosen Mitmachens und Sich-treiben-Lassens, des verunsicherten oder auch feigen Verschweigens der Wahrheit. Kurz nach der Jahrtausendwende rutschte der Anteil der Deutschen, die an ein Leben nach dem Tod glauben, unter die Fünfzig-Prozent-Marke. In der Zeitung las ich gestern, dass laut Umfrage nur jeder zweite Christ in Deutschland für sich die Auferstehung erwartet (FAZ 7.4.2007). Ein Stopp dieses Trends ist nicht in Sicht. Und was da passiert, reißt mit. Selbst unter hauptamtlichen Kirchenvertretern scheint man Angst zu haben, als Jenseitsvertröster angesehen zu werden. Und so verkündet man nur die halbe Wahrheit: Das Christentum ist die Religion der Liebe – auf dieser Welt. Nur: wenn wir nicht glauben, dass wir im Himmel erwartet werden – und dann dort nach unserem Leben hier gefragt werden –, warum sollte man sich dann noch anstrengen?
Der Mensch ist träge zum Guten, das ist eine uralte Erfahrung. Er strengt sich an, wenn es um sein Ich geht. „Wenn es keinen Gott gibt, ist alles erlaubt“, hat einer gesagt. Entsprechend gilt, dass alles erlaubt ist, wenn es kein Leben nach dem Tod gibt.
Man hat den alten Vorwurf, wir Christen seien von unserem Glauben her Jenseitsvertröster, umgedreht und von Diesseitsvertröstung gesprochen.

Der Gedanke scheint mir durchaus bemerkenswert. Was mit unserer Welt passiert, wenn es darin nur noch um das Hier und Jetzt geht, das erfasst der aufmerksame und kritische, auch selbstkritische Beobachter ohne weiteres: Man gerät in eine schreckliche Mühle hinein. Fit for fun, wellness um jeden Preis – atemlos jagt man hinter Genuss und Spaß her – und wird dabei seelenlos. Man verliert sein Menschsein, seine Originalität und wird zum Einheitsmenschen. Es lohnt sich, das, was da geschieht, gut zu beobachten – um wieder mit unserem Glauben wirklich froh zu werden und mit Überzeugung wieder das Credo mitzusingen: „Er wurde für uns gekreuzigt unter Pontius Pilatus und ist begraben worden, ist am dritten Tag auferstanden nach der Schrift." Und dann weiter: „Wir erwarten die Auferstehung der Toten und das Leben der kommenden Welt."

Jesus hat im Evangelium auffallend oft von dieser kommenden Welt gesprochen, und er ist am Kreuz dafür gestorben, dass wir einmal dort sein sollen, wo er jetzt ist: im Himmel. Ohne diese Hoffnung, die eine lebendige Hoffnung sein muss, können wir hier auf der Erde nicht gut leben. Wenn wir aber so hoffen, dann wird für uns sogar Ungeahntes möglich.

Man stellt gern heraus, wo die Kirche und die Christen in der Geschichte versagt haben und wo sie weltfremd waren. Aber wenn man es einmal objektiv betrachtet, erkennt man, dass *die* Christen am meisten für das Diesseits getan haben, die dabei am meisten an das Jenseits dachten. Unter uns Christen gab und gibt es bewundernswerte Weltgestalter. Allerdings: diese Hoffnung müssen wir leben. Wir müssen die Auferstehung leben.

Was heißt das? Wenn wir jetzt Ostern feiern, denken wir da fromm an Jesus Christus der lebt er in uns? Unser Osterglaube ist anspruchsvoll. Er meint unser Leben und nicht ein paar schöne, frühlingsschöne Feiertage.
Wir kennen alle diese Bilder: Der Auferstandene in strahlender Herrlichkeit (etwa das von Matthias Grünewald auf dem Isenheimer Altar). Das ist eine einbeziehende, *uns* einbeziehende Herrlichkeit. Der Osterglanz Jesu ist ansteckend. Wenn wir unsere Herzen im Glauben öffnen, teilt er sich uns da mit, und es passiert wieder, was damals am Anfang passiert ist: „Geht hinaus in die ganze Welt, und verkündet das Evangelium allen Geschöpfen!" (Mk 16,15).
Das ist jetzt unser Osterauftrag, und zwar hier an diesem Ort, da wie ich lebe, in dieser Welt. Da soll Ostern sein, auch durch mich.
Was heißt das konkret? Leben im Bewusstsein, dass wir nicht auf uns allein gestellt sind, wir Menschen mit unserem Hang zur Sünde, wir allein auf dieser Welt – das wäre schrecklich. Der Herr ist bei uns, mitten unter uns. Er lebt mit uns, mit dir und mit mir. Er ist in uns lebendig.
Das lässt uns dann andere, neue Menschen sein. Und genau das heißt an die Auferstehung und das ewige Leben glauben: offen sein, da sein, helfen, stützen, verzeihen, neu miteinander anfangen, trösten, Gutes tun usw. Das sind Umschreibungen unserer neuen Existenz in Christus. Wir bestätigen sie jetzt gleich in der Erneuerung unseres Taufversprechens.

Gibt es eine schönere Hoffnung, eine lebenskräftige als unsere christliche? Dass unser Herz doch ganz davon voll sei!

15. Österlich werden

(Osternacht 2008)

Die Feier der Osternacht ist die schönste Liturgie des ganzen Jahres. Das hängt natürlich mit ihrer Bedeutung zusammen. In ihr geht es ja um die Herzmitte unseres christlichen Glaubens. Aber ich meine, sie ist schön auch in dem tiefen Sinn, dass unsere Seele angerührt wird, dass dem Auge unseres Geistes Gott aufleuchtet und dass wir erfahren, wie wir jetzt schon in IHM leben dürfen. Wir werden gleichsam bei der Hand genommen und immer tiefer in das Mysterium unseres Glaubens hineingeführt.

Ganz zu Anfang wurde in die dunkle Kirche die Osterkerze hineingetragen mit dem Ruf „Lumen Christi“. Wir haben dann unsere Kerzen daran entzündet, und so ist es jetzt ganz hell – außen und vor allem innen in uns. Auch wenn wir Schweres im Herzen tragen – vor allem wohnt jetzt Christus darin, durch den Glauben, den Osterglauben wohnt er darin.

Nach dem Jubel des *Exsultet* – wem geht da das Herz nicht weit auf! – wurden uns die Texte der Heiligen Schrift verkündet, zunächst des Alten Bundes, und uns wurde klar, wie wir das alles nur recht verstehen können vom Ostersieg Jesu Christi her:

Die Erschaffung der Welt mit allem, was auf ihr lebt; worauf sich dann wie ein Schatten die Sünde legte. Christus durch seinen Sieg am Kreuz hat das alles neu gemacht. Er hat uns befreit und zu neuen Menschen gemacht, neu für das Leben mit unserem Gott (1. Lesung aus Genesis 1).

Dann der Bericht vom Durchzug der Israeliten durch das Rote Meer, worin wir ein Bild unserer Taufe erkennen sollen (2. Lesung Exodus 14).

Danach die Verheißung, dass Gott uns „ein neues Herz“ geben will. Es soll sich bilden am Herzen Jesu, das am Kreuz durchbohrt und für alle Menschen weit geöffnet wurde (3. Lesung Ezechiel 36).
Und schließlich die Geschichte von den drei Jünglingen im Feuerofen, durch die wir erkennen, wie Christus uns rettet, uns bereits gerettet hat aus jeder Not und jedem Leid, das uns treffen mag (4. Lesung Daniel 3).
Das alles aber, so sehr es uns in dieser Morgenfrühe von Ostern ergreift und froh macht – was hat es mit unserem konkreten Leben zu tun? Und darum geht es doch. Ostern feiern ist umsonst, wenn wir nicht österlich werden, das heißt von Ostern her leben.

Worum geht es an Ostern? Doch um viel mehr als dass wir sagen könnten: es war wieder einmal ein schönes Fest. Nein, Ostern meint unser Neu-Werden, ja unser schon Neu-*Sein* in Jesus Christus. Der heilige Paulus hat es in der Lesung (Röm 6,3-11) gesagt: „Wie Christus durch die Herrlichkeit des Vaters von den Toten auferweckt wurde, so sollen auch wir *als neue Menschen leben*.“
Ist das nun ein Appell im Sinne von: „Auf, los!“? Dann wären wir arm dran. Was ist denn an Ostern, das heißt durch Jesu Leiden, Sterben und Auferstehen geschehen? Wir sind erlöst. Am Kreuz hat Christus uns erlöst. Was das bedeutet, ist für uns Menschen von heute gar nicht so leicht zu begreifen. Wir meinen doch zu haben, was wir brauchen, jedenfalls im Großen und Ganzen, und bei dem, was uns fehlt – soll uns da Gott helfen können? Soll er mir einen Arbeitsplatz besorgen, die zerbrochene Beziehung wieder heil machen, mir meine Einsamkeit und Verlorenheit, meine drückenden Sorgen wegnehmen? So direkt freilich nicht. Aber was dann, wenn nicht das?

Das Erste ist, dass Jesus Christus für uns gelitten hat. Er ist in die Tiefen unseres Lebens, sogar in unsere Abgründe, ja in unsere Sünde hinein gekommen. Er *weiß* um uns, in einem ganz tiefen Sinn. „Ich kenne die Meinen", hat er einmal gesagt (Joh 10,14). Wie viel Liebe, wie viel wirklich wissende Liebe steckt doch in diesem Satz!

Und das Zweite: Er ist auferstanden. Das bedeutet, er ist nicht tot, er lebt. Was heißt das genau? Er lebt in seiner Kirche. Er ist mitten unter uns. Ganz besonders dicht wird seine Gegenwart in der Feier der Eucharistie. Er ist dann wirklich *da*, in Brot und Wein auf dem Altar, die wir empfangen und die sein Leib und sein Blut sind. Aber da ist noch etwas Anderes. Das, was uns zutiefst zu Christen macht. Der Name Christ kommt ja von Christus dem Herrn. Christ sind wird deshalb, weil wir zu Christus gehören und weil Christus *in uns lebt*. Paulus sagt das in der Lesung, wir haben es eben gehört: „Wir alle, die wir auf Christus Jesus getauft wurden, sind auf seinen Tod getauft worden. Wir wurden mit ihm begraben durch die Taufe auf den Tod; und wie Christus durch die Herrlichkeit des Vaters von den Toten auferweckt wurde, so sollen auch wir als neue Menschen leben" (Röm 6,3-4). Der Apostel drückt die Gemeinschaft mit Christus ganz eindringlich aus: wie „verwachsen", sagt er, sind wir mit ihm in seinem Tod, und ebenso in seiner Auferstehung. Das heißt, er hat uns da mitgerissen. Darum sind wir „neu". Nicht aufgrund dessen, was wir leisten und bringen. Das wäre nur der „alte" Mensch. Genau das ist es, worauf es ankommt. Wir sind nicht nur Anhänger Jesu, seine Gefolgschaft, wie eine faszinierende Persönlichkeit ihre Anhänger hat. Bei Jesus und uns gibt es eine ganz tiefe Beziehung. Die Taufe, dieses österliche Sakrament, bedeutet unsere Verbundenheit, unsere Vereinigung mit Jesus, so sehr, dass wir andere, *neue* Menschen sind; von ihm geht das auf uns über. Paulus

drückt es einmal ganz einfach, aber auch ungeheuer stark aus: „Ich lebe, doch nicht ich: Christus lebt in mir“ (Gal 2,20).
So müssen wir es glauben. Das gehört zum Wesen des Christentums. Der auferstandene Herr ist lebendig in uns da – in dir und in mir. Nicht nur, indem wir jetzt an ihn denken; nein, ganz wirklich, tatsächlich ist er da, *in mir da.* Kann man das glauben? Man muss das glauben, sagt Paulus. Christus ist mein Leben, sagt er auch einmal (Phil 1,21). Das heißt, ich lebe total von ihm her. Und das heißt auch, ich bin nie allein; immer bin ich erfüllt von seiner Gegenwart und seiner Kraft.
Das also ist das neue Leben, von dem Paulus in der Lesung spricht – der Christus in uns, aufgrund von Ostern und unserer Taufe. Und Christus ist nicht nur so in mir, er *wirkt* in mir, mit seiner göttlichen Kraft. Was wirkt er da? Mein wahres Leben, dass ich immer mehr so werde, wie Gott mich gewollt hat; dass ich wirklich ich selber werde. Christus in mir ist meine Prägegestalt, ohne dabei mein Ich auszulöschen. Aber ich darf ihn ausdrücken in meinem Leben, ihn in der Art und Weise meines Daseins aufscheinen und durchscheinen lassen. Das ist das Geheimnis des christlichen Lebens. Das und nicht weniger ist unsere Berufung. Paulus sagt darüber, dass wir von Gott „dazu bestimmt“ sind, „an Wesen und Gestalt seines Sohnes teilzuhaben, damit dieser der Erstgeborene von vielen Brüdern und Schwestern sei“ (Röm 8,29).
Ihm und seinem Wirken immer mehr Raum in unserem Herzen geben, das heißt „für die Sünde tot sein“, wie unsere Lesung sagt. Und dabei auf Ihn schauen und die Gnade nutzen, die er uns ständig gibt.
Das ist das neue Leben *in* Christus und *mit* Christus. Das ist Ostern. Zugleich ist das aktive Weltgestaltung im Geist des Evangeliums. Es ist unsere Antwort auf die Not der Zeit: hier in unserem Land mit der um sich greifenden Sinnlosigkeit und Leere, mit der wachsenden

Orientierungslosigkeit und Hilflosigkeit ohne den Glauben; auf das, was derzeit in Tibet geschieht; auf die schwelenden Konflikte im Nahen und Mittleren Osten, auf die immer wieder ausbrechende Gewalt in Irak; auf das Leid in vielen Ländern Afrikas und überall sonst auf der Welt. Denn mit dem Christus in meinem Herzen stehe ich am Platz meines Lebens, in enger Verbundenheit mit den Anderen, die wie ich Christen sind. Und gemeinsam versuchen wir, Gottes allumfassende Liebe in diese Welt hinein zu tragen. Immer im Wissen um unsere menschliche Schwäche, Begrenztheit und Sündigkeit. Aber noch viel mehr im Vertrauen auf Seine Kraft, die ständig in uns wirkt.

16. Mit Christus auferweckt

(Osternacht 2009)

Die Feier, in der wir uns gerade befinden, ist der Mittelpunkt und der Höhepunkt des ganzen Jahres Alles Feiern der Kirche hat hier seinen Ursprung. Denn wir feiern unsere Erlösung durch Leiden, Kreuz und Auferstehung Jesu Christi. Wir Menschen hatten keine Hoffnung, keine Lebensperspektive; wir waren tot, sagt der heilige Paulus (Eph 2,1-7), gefangen in einem Leben, das diesen Namen gar nicht verdient. Paulus spricht von einer Sünde, die das Leben aller Menschen durchzieht. Der heilige Augustinus hat dafür das Bild des in sich hineingekrümmten Menschen. Also total ichbezogen – und ein Leben ohne den freien Blick auf ein Du ist kein Leben. „Ihr wart tot“, sagt Paulus, „aber Gott hat uns in seiner großen Liebe zusammen mit Christus wieder lebendig gemacht.“ Und noch mehr: „Er hat uns mit Christus auferweckt und uns zusammen mit ihm einen Platz im Himmel gegeben.“ Das ist unser Osterglaube, in einem großartigen Bild zum Ausdruck gebracht.

„Der Herr ist wahrhaft auferstanden“ (Lk 24,34). Dieser Bekenntnisruf, zusammen mit dem *Halleluja*, was heißt: Lobet Jahwe unseren Gott, durchklingt nun wieder die ganze Osterzeit, fünfzig Tage lang, so häufig und so variantenreich, als könnte unsere Seele davon gar nicht genug bekommen. Wir Christen glauben fest, dass keine Nachricht die Welt mehr und grundlegender verändert hat als dieser urchristliche Ruf: „Der Herr ist wahrhaft auferstanden.“ Aber man braucht die Augen des Glaubens, um diese Veränderung auch zu sehen. Ohne den Glauben ist Ostern nicht erfahrbar. Ohne den Glauben brennt das Herz nicht, wie es von den Emmausjüngern heißt (Lk 24,32).

Was ist das Einzigartige an Ostern? Dass Jesus der Gekreuzigte, der tot war und im Grab lag, wieder lebendig ist. Aber nur ins alte Leben wieder zurückgekehrt, als ob er es verlängern wollte? Nein, auf keinen Fall! Bei seiner Menschenwerdung, da kam er in dieses unser Leben und hat es geteilt, seine Mühen und Leiden bis hin zum Sterben. Aber bei seiner Auferstehung geht er in ein neues, in *das* neue Leben über: in das Leben Gottes, das wir hilflos umschreiben mit Glanz, Herrlichkeit, Unvergänglichkeit, Ewigkeit, Glück, wobei „Glück" uns noch am ehesten erfassen lässt, was da gemeint ist. Wir spüren es innerlich, ohne aber klar ausdrücken zu können, was es ist. Das letzte Buch in der Bibel (Offb 21,3-4) beschreibt es so: „Gott wird bei uns sein. Er wird alle Tränen aus unseren Augen wischen. Der Tod wird nicht mehr sein, keine Trauer, keine Klage, keine Mühsal. Denn was früher war, ist vergangen." Also Glück wird sein, vollkommenes Glück.

In dieses Leben zieht Jesus uns hinein. Das bedeutet Ostern. Es gibt diese alten Bilder, auf denen zu sehen ist, wie er Menschen an der Hand nimmt und sich nachzieht. Petrus sagt in einer seiner Osterpredigten (Apg 3,15), dass Jesus der „Anführer des Lebens" ist.

Ostern ist also das Leben Gottes. Wir haben es schon. Es ist in uns da. Genau das, nicht weniger, ist der Osterglaube. Wenn wir hier so feiern, uns in die Liturgie hineinbegeben, uns von ihr mitreißen lassen, dann erfassen wir das, und es ist wirklich ein Geschenk, *das* große Geschenk für unser Leben. Freilich, wenn dann die Feier wieder zu Ende ist, wenn der Alltag uns wieder hat – was ist dann?

Gleich nach der Predigt wird das Wasser gesegnet, mit dem wir in Erinnerung an unsere Taufe besprengt werden, und wir erneuern unser

Taufversprechen. Wir widersagen und wir glauben. Wir sagen das sogar in der Ich-Form: Ich widersage und: ich glaube, damit es uns eingeht und wir voll dahinter stehen. In der alten Zeit der Kirche war die Taufe ein Untergetaucht-Werden und ein Wieder-Aufsteigen. Da wurde ganz deutlich, dass es in ihr darum geht, mit Christen zu sterben und begraben zu werden und mit ihm aufzuerstehen. Die Taufe ist das Urereignis unseres Lebens. Daraus gilt es zu leben, immer neu. Und es braucht diese Erneuerung, die wirksame Besinnung darauf, gerade jetzt in der Osternacht. Und dann die Eucharistie, der Empfang des Leibes und Blutes Jesu Christi, wodurch wir in ihn hineinverwandelt werden: Er ist in uns und wir in ihm. Das müssen wir wirklich glauben, um als Christen leben zu können. Wir dürfen es nicht bloß gewohnheitsmäßig tun. Das wäre Frevel. Wir leben wirklich aus der Taufe und der Eucharistie.

Was passiert dann? Jesu Osterleben, *Gottes* Leben ist dann in uns gegenwärtig. Das meinte ich, als ich vorhin sagte, keine Nachricht hat die Welt mehr verändert als die von der Auferstehung Jesu. Durch ihn hat in uns ein neues Leben angefangen: wie Er, so wir. Wir stehen in lebendiger Beziehung zu Jesus und müssen diese nutzen für die Art unseres Lebens. Wir sind von unserem Ego befreit, wir können uns hingeben und dienen, in der Vereinigung mit ihm, unserem Herrn. Im Titusbrief gibt es eine schöne Stelle, die das ganz anschaulich macht: „Er, Christus, hat sich für uns hingegeben, um uns von aller Schuld zu erlösen und sich ein reines Volk zu schaffen, das ihm als sein besonderes Eigentum gehört und das darauf brennt, das Gute zu tun" (2,14). Das ist unser Auftrag vom Herrn: in dieser Welt gut zu sein, und zwar von ihm her, jeder dort, wo er steht. Was das konkret heißt, wissen wir wohl. Es gibt eine innere Stimme in uns, die uns das sagt. Die Stimme des Herrn selber.

Jetzt in dieser Feier ergeht an uns wieder ein ganz starker Impuls, vom Herrn her. Lassen wir uns im Herzen von ihm erreichen. Darin liegt unser ganzes Glück.

17. Glaube entzündet sich an Glauben

(Osternacht 2010, Lk 24,1-12)

Sehr österlich klingt unser Evangelium nicht. Da ist zwar die Rede vom Grab, in dem der Leichnam Jesu nicht mehr zu finden ist. Aber das heißt noch nichts. Von glauben ist da nicht die Rede, viel mehr von nicht glauben und von „Geschwätz". Immerhin: Petrus geht zum Grab. Er sieht es leer bis auf die Leinenbinden. Dann geht er wieder weg, verwundert über alles. Verwundert, das heißt auch skeptisch, sehr skeptisch sogar.

Was löst den Glauben aus? Nicht Worte, nicht das leere Grab und nicht die Leichentücher, sondern Jesus selber und die Begegnung mit ihm. So heißt es wenig später im Lukasevangelium: „Da trat er selber in ihre Mitte und sprach zu ihnen: Friede sei mit euch!" (24,36). Nur allmählich glauben die Jünger.

Es gibt also Sperren zum Glauben, und die werden vom Evangelium ernst genommen: So etwas gibt es nicht; ein Toter ist tot und damit Schluss. Jesus war ein großartiger Mensch. Was er gesagt und getan hat, ist einmalig. Gut, dass das unter uns fortbesteht. Es hilft der Welt menschlicher zu sein. Da ist die Kirche, die sich auf Jesus beruft, und, sagen wir es ruhig, in ihr ist viel allzu Menschliches, Unmögliches. Da ist der derzeitige Missbrauchsskandal, und in dem Zusammenhang haben viele ihren Austritt aus der Kirche erklärt. Das alles behindert für nicht wenige empfindlich den Glauben.

Aber kann es das wirklich sein? Die Kirche hat seit 2.000 Jahren ihre Skandalgeschichten. Es gab in ihr Schurken und Verbrecher und skrupellose Menschen, sogar auf dem Papstthron. Aber, vorurteilsfrei betrachtet: Weitaus größer ist die Zahl derer, die durch ihr Leben das

Evangelium zum Leuchten brachten. In ihrem Antlitz erkennt man Jesus den Lebendigen. Diese Zahl ist unendlich, auch heute.

Es gibt viele Menschen, die Jesus sympathisch finden. So in etwa kennen sie ihn: seine Kritik an „denen da oben“; noch mehr seinen Einsatz für die Armen und die Zu-kurz-Gekommenen. Er war konsequent und hat dafür sogar den Tod in Kauf genommen. Das imponiert schon. Es ist aber nicht genug, damit es hinreißt. Im Grunde ändert es das praktische Leben nicht wesentlich. Viele Zeitgenossen haben nichts gegen Jesus. Aber er fasziniert sie auch nicht so, dass sie für ihn und sein Evangelium leben würden. Sie glauben nicht. Einerseits beruht das auf Unkenntnis. Man weiß nichts von der Tiefe des christlichen Glaubens. Man verwechselt ihn mit einer Weltanschauung. Aber auch Gleichgültigkeit und Beliebigkeit sind ein Problem. Viele geben sich vorschnell zufrieden, sind es aber in Wahrheit nicht. Kein Wunder – kann man billig leben, rein oberflächlich? Die Unterhaltungsindustrie boomt. Viele konsumieren das, was die Medien ihnen vorsetzen. Gut ist das alles nicht, für die Betreffenden nicht und auch nicht für unsere Gesellschaft. Man kann sich schon Sorgen machen um die Zukunft. Kann man denn leben ohne Überzeugungen?

Andererseits werden viele allein gelassen. Sie stellen echte Lebensfragen, suchen nach einem guten, sinnvollen Lebensentwurf, wären offen für die Botschaft Jesu, haben aber niemanden, der sie mit ihm vertraut machen würde. Der Glaube verlangt Gemeinschaft. Da müssen Menschen sein, die Zeugnis geben, die ihren Glauben leben, ihn unaufdringlich, aber klar bekennen. Es ist eine alte Wahrheit: Glaube entzündet sich an Glauben. Da ist bei uns heute eine große Schwachstelle. Es gibt die große Scheu, vom Glauben zu sprechen und damit zurück zu halten. Oder aber abstoßend aufdringlich zu sein.

Echter Glaube ist missionarisch. Er will sich mitteilen und gewinnen. Wenn Jesus Christus mir nicht nur wichtig ist, sondern das Wichtigste, dann will ich, dass auch andere ihn kennen. Der Glaube soll die Welt erfüllen. So will es Jesus selbst. „Geht in alle Welt und verkündet das Evangelium allen Geschöpfen!", hat er nach der Auferstehung zu seinen Jüngern gesagt (Mk 16,15).

Aber da war unsere Frage: Wie kommt man zum Glauben? Jesus löst ihn aus, so hatten wir gesehen. Aber wenn er es bei mir nicht tut? Kann ich dann nichts machen? Ist es dann eben so? Nein, Jesus klopft an unsere Tür, auch heute, jetzt. Charles de Foucauld, der nicht glauben konnte, hat unentwegt gebetet: „Wenn es Dich gibt, lass mich Dich erkennen!" Es gibt Anstöße, zweifellos, Erfahrungen bestimmter Art, Nachdenklichkeiten, Fragen, die sich nicht abweisen lassen. Da ist immer wieder etwas, das sich so nicht erklären lässt, das nach der Erklärung des Glaubens verlangt. Da ist ein Verlust, ein Scheitern, ein An-die-Grenze-Kommen; aber auch ein großes Glück. Hat das nicht mit Gott zu tun? Jesus will auch uns erreichen, er müht sich um uns, wie er sich um die Jünger und Jüngerinnen gemüht hat. Aber wir wehren ab und sind misstrauisch. Was will er von mir? Was ändert sich dann in meinem Leben, in dem ich mich eingerichtet habe? Wirkliche Begegnung mit Jesus, die ihn zum vertrauten Freund werden lässt, zum Helfer in all meinen Sorgen und Nöten – heißt glauben. Das ist der Sprung auf die Seite Gottes. Man kann es kaum beschreiben, das heißt man kann es niemandem abnehmen. Jeder muss es für sich selber tun. Da, nur da liegt die große, die größte Chance unseres Lebens. Tatsächlich verändert der Glaube alles, im positiven Sinn. Er schenkt Leben, sinnvolles, wahres, erfülltes Leben. Und was das ist, ahnen wir alle.

18. Frei werden für das Leben

(Osternacht 2011)

Noch nie wurden die Menschen so alt wie heute. Neunzig, ja hundert Jahre sind keine Seltenheit mehr. Aber steigt mit der Lebensquantität auch die Lebensqualität? Wie unglücklich fühlen wir uns, wenn uns irgendetwas beeinträchtigt oder quer kommt. Und erst eine schwere unheilbare Krankheit: Wie oft bringt sie Verzweiflung. Dabei ist klar, dass wir alle sterben müssen. Waren die Menschen früher ergebener? Das könnte sein. Im Tiefsten ist es doch erstaunlich, was heute alles gemacht wird, um die Lebenszeit zu verlängern. Irgendwann sterben wir ja doch. Der medizinische Fortschritt hat uns zweifellos viel Gutes gebracht. Aber jetzt fängt er auch an, vielen von uns Angst zu machen. Für die nächste Zukunft deutet vieles auf Selektion hin. Wer darf leben? Wenn die befruchtete Eizelle, nach menschlichem Ermessen, diese oder jene Mängel aufweist – darf sie dann leben? Wir Christen sagen, der Mensch darf sich nicht zum Herrgott aufspielen. Gott allein ist der Herr des Lebens, und zwar in jeder Beziehung. Im *Credo* bekennen wir ihn als den „Schöpfer des Himmels und der Erde". Das schließt doch vor allem die Menschen, seine Lieblingsgeschöpfe ein. Der Rückgriff auf unser Glaubensbekenntnis ist aufschlussreich, wenn wir die Frage nach dem menschlichen Leben stellen. Der erste Satz handelt von unserer Herkunft. Gott hat uns geschaffen. So sagt eindeutig unser christlicher Glaube. Wir singen es auch im Lied: „Erkennt, dass Gott ist unser Herr, / der uns erschaffen ihm zur Ehr, / und nicht wir selbst; / durch Gottes Gnad / ein jeder Mensch sein Leben hat" (Nun jauchzt dem Herren, alle Welt, GL 474). Der letzte Satz des *Credo* lautet: „Ich glaube an die Auferstehung der Toten und das ewige Leben." Dazwischen liegt die

Spanne unseres irdischen Lebens. Man muss also sagen: Der Mensch kommt von Gott, und er geht wieder zu Gott. Darin ist die Würde unseres menschlichen Lebens begründet. Und es wird letztlich mit dem Schwinden des Glaubens zusammen hängen, dass der Mensch sich heute zum Macher des Lebens aufspielt, dass er meint, über die Kriterien des Lebens befinden zu dürfen. Nein, „die Würde des Menschen ist unantastbar“, und zwar von Gott her.

Was ist der Mensch? Er ist entschieden mehr als ein Zellengewebe. Er ist Gottes Ebenbild. Unüberholt und unverzichtbar sind die alten Erzählungen am Anfang der Bibel. Sie sind in ihrem Kern Offenbarung Gottes. „Gott schuf den Menschen als sein Abbild.“ „Er formte ihn aus Erde vom Ackerboden und blies in seine Nase den Lebensatem“, das heißt sein eigenes göttliches Wesen. Der Mensch, jeder Mensch stammt von Gott. Sein Anfang, sein Entstehen, sein Werden ist in der Liebe Gottes geborgen. Und das noch einmal mehr, als der Sohn Gottes unser menschliches Fleisch annahm und einer von uns wurde. Und wenn der Mensch stirbt, wie Jesus am Karfreitag am Kreuz starb, dann ist es nicht aus mit ihm. Dann fängt das wahre Leben erst an – bei Gott. Das ist unser christlicher Glaube. Und es ist sehr notwendig – um des Menschen willen –, dass er verkündigt wird, weil auch viele Christen das vergessen haben.

Wenn Leben hier im Diesseits alles wäre, was dann? Wir bekommen es gegenwärtig mit, es ist wie eine Krankheit. Wo der Trost des ewigen Lebens fehlt, das wird dieses irdische Leben trostlos. Wir erleben derzeit oft so etwas wie eine Lebensgier, aber auch eine Plattheit und eine Nivellierung im Leben, die erschrecken macht. Wenn dieses Leben alles ist, dann muss ich es genießen, um jeden Preis. Der Andere, der Mitmensch, ist dann im Grunde nur wichtig, sofern er mir Lebenslust verschafft. Auf diese Weise wird das Leben selber zur Sucht. Und gleichzeitig lähmt die Angst vor dem Tod. Man wird unfähig, zum wahren vollen Leben vorzustoßen. Dagegen: Wer glaubt, dass das Beste noch kommt, der hat keine Angst, hier irgendetwas zu versäumen. Der wird frei für das Leben, frei sich denen zuzuwenden, die in diesem Leben zu kurz kommen.

Das ist unser Osterglaube. Er schenkt einen ganz neuen Blick auf das Leben. Durch ihn wird unser Leben „neu", wie es in den Texten und Gesängen der Osterzeit immer wieder heißt. Auferstehung und ewiges Leben, das heißt nicht einfach, dass die Zeit noch einmal verlängert wird, irgendwie für lange, lange. Nein, das ist die wahre Qualität unseres Lebens. Unbeholfen und in dennoch ergreifenden Bildern spricht die Bibel davon, etwa Paulus: „Kein Auge hat es gesehen, kein Ohr gehört, in keines Menschen Sinn ist es gedrungen: das Schöne, das Gott denen bereitet hat, die ihn lieben" (1 Kor 2,9). Oder das letzte Buch der Bibel, die Offenbarung: Gott wohnt unter uns Menschen, er ist mit uns zusammen; er wird bei uns sein; er wird alle Tränen aus unseren Augen wischen; der Tod wird nicht mehr sein, keine Trauer, keine Klage, keine Mühsal mehr; denn was früher war, das ist vergangen (Offb 21). Dieses letzte Buch der Bibel hat es in sich. Es zeigt uns, wie ewiges Leben nicht bloß private Glückseligkeit ist. Ewiges Leben ist „neuer Himmel" und „neue Erde". Da geht es um ein Glück, das sich nicht wieder dem Nachteil der Anderen verdankt, die zu kurz kommen. Nein, dieses Glück ergreift uns alle.

Ostern, diese Osterfeier will uns das neue Leben zeigen, unser aller neues Leben, jetzt schon, wenn wir uns darauf einlassen. In diesem neuen Leben ist Gott die Mitte. Und er erfüllt uns mit einem Glück, das nur er schenken kann, weil er das Leben selber ist.

19. Berührung durch Gott

(Pfingsten 2003)

Alle von uns kennen Michelangelos berühmtestes Gemälde, das vielleicht bekannteste Kunstwerk überhaupt und das meistimitierte: Die Erschaffung des Adam. Alle haben wir es einmal gesehen, sei es, dass wir das Glück hatten, es in der Sixtinischen Kapelle zu bewundern, sei es von einer Reproduktion her.

Aber wenn man es recht betrachtet: Ist da wirklich die Erschaffung Adams dargestellt? Vergegenwärtigen wir uns das Bild vor unserem geistigen Auge. Adam liegt auf dem Erdboden, von dem er genommen ist. Halb aufgerichtet streckt er seinem Schöpfer den Arm entgegen. Dieser schwebt, von Engeln umgeben, auf sein Geschöpf zu. Gottes klarer, kraftvoller Blick begegnet dem sehnsüchtigen, erwartungsvollen des Menschen – und vom ausgestreckten Finger seiner rechten Hand springt der göttliche Funke auf den Menschen über.

Nicht also die Erschaffung des Menschen, sondern seine göttliche Beseelung, ja die Stillung des menschlichen Verlangens nach Gott überhaupt hat Michelangelo hier grandios und mit tiefer religiöser Intuition ins Bild gebracht.

Heute begehen wir das Pfingstfest, die Herabkunft des Heiligen Geistes und, wenn man so will, die Geburtsstunde der Kirche. Mit den Worten des Evangeliums: „Wie mich der Vater gesandt hat, so sende ich euch ... Empfangt den Heiligen Geist!“ (Joh 20,21f.).

Wer ist das: der Heilige Geist? Diese für unser Christsein so entscheidende Frage wird beantwortet durch den Hymnus, den wir hier im Kloster von Christi Himmelfahrt an bis Pfingsten singen (*Veni Creator Spiritus*). „Du Finger an des Vaters Hand“, heißt es darin. Da haben wir es wieder, das Bild vom Finger Gottes. Es verbindet sich mit dem von seinem Atemhauch: „Er hauchte sie an und sprach zu ihnen: Empfangt den Heiligen Geist!“ (Joh 20,22). Immer geht es um unsere Berührung durch Gott. Sie wird dem Heiligen Geist zugeschrieben. Es ist ein Bild, das verdeutlichen will, wie der Mensch erst wirklich lebendig wird durch die Kraft des Heiligen Geistes. „Wir glauben an den Heiligen Geist, der Herr ist und lebendig macht“, bekennen wir im *Credo*. In diesen Worten liegt gleichzeitig eine inständige Bitte: Komm, Heiliger Geist, rühr uns an, weck uns auf und mach uns zu lebendigen Menschen! „Sine tuo numine, nihil est in homine - Ohne dein lebendig Wehn, nichts im Menschen kann bestehn“, haben wir eben in der Sequenz gesungen. Ohne dich, Heiliger Geist, geht gar nichts im Leben, heißt das im Klartext.

Geht dann wirklich gar nichts? Doch, vieles geht, aber alles geht dann falsch und verkehrt, zum Schaden und Unheil des Menschen. Unter wie viel geistlosem Handeln und Reden leidet nicht unsere Welt?

Was geschieht, wenn Gottes Finger uns berührt? „So wurde der Mensch zu einem lebendigen Wesen“, sagt die Bibel (Gen 2,7). Das ist ganz tief zu verstehen. Ohne die Berührung durch Gott ist der Mensch nur materiell, erdhaft, er ist irdisch eingestellt, wie der Apostel Paulus sagt, und er gibt dafür auch einige Beispiele: Er ist voller Leidenschaft, voll böser Begierden und voller Habsucht (vgl. Kol 3,5). Was genau damit gemeint ist, braucht nicht erklärt zu werden. Wir wissen es alle. Gemeint ist ein Mensch, der ausschließlich für sich selbst lebt; dem alles recht ist, wenn nur er Befriedigung, Genuss und Lust dabei empfindet. Eigentlich ist ein solcher Mensch ein un-menschlicher Mensch.

Wenn Gottes Finger den Menschen berührt, erwacht dieser zum Leben, zum wahren, beglückenden, erfüllenden Leben. Gott nimmt dann das „Herz von Stein“ aus unserer Brust und gibt uns ein „Herz von Fleisch“ (vgl. Ez 36,26). Mit diesem Bildwort aus dem Alten Testament ist alles Entscheidende gesagt. Gottes Berührung macht uns Menschen liebesfähig. Gott will ja nichts anderes, als dass sein geliebtes, unter allen anderen bevorzugtes Geschöpf lieben lernt. Darum ist, wie der heilige Paulus sagt, „die Liebe Gottes ausgegossen in unsere Herzen durch den Heiligen Geist, der uns gegeben ist“ (Röm 5,5).

Die Liebe Gottes, das ist die Liebe, mit der er, unser Schöpfer, uns unsäglich liebt. Genau das macht uns der Heilige Geist bewusst. Bitten wir ihn inständig, dass er uns das nie vergessen lässt. Und es ist gleichzeitig die Liebe, mit der er bewirkt, dass auch wir lieben.

Sind diese Gedanken zum Pfingstfest zu abstrakt? Ich meine nicht. Wir alle wissen, was ein liebender Mensch ist: Einer, bei dem nicht das „Ich“ Lebenszentrum ist, sondern Gott. Das Herz eines Menschen aber, der in Gott gründet, wird ganz sensibel, ganz weit für die Mitmenschen. Es lernt mehr und mehr, in einer gesunden Weise sich selbst nicht so wichtig zu nehmen, sich zur Verfügung zu stellen und zu dienen. In diesem Sinne sagt Jesus ja: „Liebt einander ... Es gibt keine größere Liebe, als wenn einer sein Leben einsetzt für seine Freunde“ (Joh 15,12f.).

Im Grunde wünschen wir alle sehnlichst, dass es viele solcher Menschen gibt, von denen dieses Jesuswort gilt; denn wir wissen: nur von ihnen lebt die Welt.

Aber die Frage ist, ob wir auch selber so werden möchten?
In einem Kunstband über Michelangelo las ich eine faszinierende Deutung des Bildes, von dem wir bei unserer Predigt ausgegangen sind. Sie lautet: „In den Zentimetern, die die Fingerspitzen Gottes und Adams voneinander trennen, liegt die wohl größte zeitliche und erzählerische Spannung der gesamten Kunstgeschichte" (William E. Wallace, Michelangelo: Skulptur, Malerei, Architektur, 1999, 153).
Eine Spannung höchst dramatischer Art liegt auch über unserem Leben. Sie besteht im Warten Gottes, ob wir der Erkenntnis, wie nur wahres Leben zu finden ist, zustimmen oder ob wir uns verweigern.

Uns allen ist in Taufe und Firmung Gottes heiliger Geist gegeben. Da hat Gott uns gleichsam berührt, und der Funke ewigen Lebens ist auf uns übergesprungen. Die Gefahr, uns zu verweigern und die göttliche Lebensenergie nicht in uns strömen zu lassen, ist immer gegeben, jeden Tag. Sie betrifft uns als einzelne wie als Kirche insgesamt.

Ein neues Pfingsten für die Kirche müsste es geben. Wer versteht nicht diesen Stoßseufzer? Aber besteht Pfingsten lediglich in einer Brise Frischluft, die die Kirche durchweht? Neue Formen, Aufbruch und Engagement können sehr wichtig sein. Aber sie sind letztlich doch nur wieder Reflex und Ausdruck von etwas Tieferem, das sich in unseren Herzen ereignen will. Der heilige Paulus spricht irgendwo von einer Hülle, die sich auf unser Herz legen kann, wodurch es stumpf, müde und egoistisch wird. Es gibt so manche Lebensumstände, die dazu angetan sind, die Kraft des Herzens in uns lahmzulegen. Nur wenn einer sich dem Herrn zuwendet, wird die Herzenshülle weggenommen

(2 Kor 3,15f.). Soviel Asche liegt auf dem Feuer des Geistes, das einst in uns entzündet wurde. Nur wenn diese Asche weggeräumt wird, kann es wieder brennen und in Liebe hell auflodern.

Machen wir uns jetzt gleich an diese Arbeit, hier im Gottesdienst im lebendigen, begeisterten Feiern und Beten und dann zuhause zusammen mit den Menschen, die zu uns gehören, und schließlich mit all denen, die Gott uns begegnen lässt. Dann wird Gott nicht zögern, uns die beseligende Kraft des Heiligen Geistes von neuem erfahren zu lassen, und in der Kirche wird Pfingsten sein.

20. Sich dem Heiligen Geist überlassen

(Pfingsten 2004)

Der berühmte Renaissancemaler Tizian (1488/89-1576) hat für die Kirche S. Maria della Salute in Venedig ein Pfingstbild gemalt entsprechend dem Bericht der Apostelgeschichte, den wir eben in der Lesung gehört haben (Apg 2,1-11). Das Besondere an diesem Bild ist, dass darauf die Architektur des Kirchenraumes von S. Maria seine Fortsetzung findet. Offenbar wollte der Künstler zeigen, dass die Urgemeinde und die Gemeinde von S. Maria della Salute eine untrennbare Einheit bilden.

Die gilt auch für uns heute. Wir sind hier in der Abteikirche von Maria Laach eins mit Maria und den Jüngern im Abendmahlssaal. In uns als betende und singende Gemeinde hinein fällt heute genauso wie damals Gottes heiliger Geist und befähigt uns zum Zeugnis wie seinerzeit die Apostel.

Zeugnis – was ist das? Mir fallen da Sätze aus der Lebensbeschreibung des heiligen Martin ein: „In seinem Mund war nie etwas anderes als Christus; in seinem Herzen lebte nur Güte, nur Friede, nur Erbarmen" (Sulpicius Severus, Vita Martini, 27,1-2).

Wenn wir uns dem Heiligen Geist überlassen, verändert er unser Leben völlig. Er macht es christusförmig und unendlich fruchtbar für die ganze Welt. Bei unserer Firmung wurden wir mit Chrisam gesalbt, und dabei wurde zu uns gesagt: „N., sei besiegelt durch die Gabe Gottes, den Heiligen Geist." Diese Salbung hat uns mit Jesus Christus verbunden, dem Gesalbten Gottes schlechthin. Sie ist ein Zeichen des Heiligen Geistes, der in Christus lebte und jetzt in uns. So ist es unser Auftrag,

wie Christus zu leben in unserer heutigen Welt. Man kann sagen, dass die Firmung unsere Taufe vollendet. Der Heilige Geist lässt uns wirklich Christen sein. Wie, das lesen wir in der Apostelgeschichte, wo auf Schritt und Tritt vom Heiligen Geist die Rede ist:
Die Jünger sollen die Kraft, die dýnamis, des Heiligen Geistes empfangen (Apg 1,8). Sie werden alle vom Heiligen Geist erfüllt (Apg 2,4). Sie können reden, wie der Geist es ihnen eingibt (ebd.). Sie erfahren ständig die Hilfe des Heiligen Geistes (Apg 9,31). Sie können gute Menschen sein durch die Kraft des Heilige Geistes (vgl. Apg 11,24), usw.

Der Heilige Geist ist für die junge Kirche eine Wirklichkeit, das heißt, sie glaubt an ihn und vertraut darauf, dass er zur rechten Zeit mit seiner Hilfe zur Stelle ist. Im Bild gesprochen: Die Gemeinde Jesu fährt deshalb dahin wie ein Schiff auf hoher See, dessen Segel vom Wind gebläht sind, vom Wind des Heiligen Geistes, der ihr Antrieb ist, während andere sich aus eigener Kraft mit dem Rudern quälen und doch kaum vom Fleck kommen.

Wie aber vollzieht sich das genauer, dieses Erfüllt-Werden mit dem Heiligen Geist? Die Apostelgeschichte lässt keinen Zweifel daran: Der Geist ist eine Gabe, er ist die große Gabe, die Gott seiner Kirche zu allen Zeiten geben will. Aber sie muss, und das ist unser Anteil daran, auch erbeten werden.
Ein Blick wieder auf die Apostelgeschichte zeigt das. Die christliche Kunst hat die ganze Tiefe dieses Geschehens erfasst, wenn sie die betende Urgemeinde im Abendmahlssaal in Form einer Schale malt, die ganz offen ist für den Empfang der Heiligen Geistes. Darin tut sich die

existentielle Armut und Ohnmacht der beginnenden Kirche kund. Sie weiß sich ganz angewiesen auf Gottes Geist und bekennt, dass sie ohne ihn nichts kann und mit ihm alles. Daher kommt dann auch ihr schönes Selbstbewusstsein zum Beispiel auf dem Apostelkonzil von Jerusalem: „Der Heilige Geist und wir haben einen Entschluss gefasst" (Apg 15,28).

Die Kirche ist die Gemeinde, die Gott selber sich formen will. Sie ist zunächst einmal ganz sein Geschöpf. Aber so, gottgefügig, ist sie dann auch eine neue Gesellschaft, eine Modellgesellschaft, können wir ohne Übertreibung sagen, die Gott sich durch den Heiligen Geist von den Herzen der Jünger und Jüngerinnen her auferbaut.
„Als sie das hörten, traf es sie mitten ins Herz", heißt es bei der Pfingstpredigt des Petrus (Apg 2,37). Das ist sehr wichtig. Wir denken an Pfingsten gern an die Aktivität der Kirche, das ist auch richtig, aber diese ist doch erst der zweite Schritt. Der erste besteht, so möchte ich es nennen, in einem Innewerden, in einem ganz tiefen, bleibenden Sich-Besinnen auf die Gabe Gottes, die wir in uns tragen. Es heißt ja, vom Himmel kamen „Zungen wie von Feuer, die sich verteilten; auf jeden von ihnen ließ sich eine nieder" (Apg 2,3). Damit wird die persönliche Geistergriffenheit des Einzelnen angedeutet. Der Heilige Geist will nämlich das Herz eines jeden in Besitz nehmen und ganz durchdringen. „Reple cordis intima. – Erfülle uns im Herzensgrund", haben wir eben in der Pfingstsequenz gesungen. In unserem Herzen will Gottes Geist uns zuerst erreichen. Hier soll sich die Prophezeiung des Ezechiel erfüllen, die da lautet: „Ich schenke euch ein neues Herz und lege einen neuen Geist in euch" (Ez 36,26).

Was passiert, wenn ein Mensch sich in seinem Herzen vom Heiligen Geist bestimmen lässt und wenn er da in lebendigem Kontakt mit ihm bleibt? Dieser Mensch wird neu. Damit umschreibt die Bibel ein anderes Leben, ein Leben von Gott her „in der neuen Wirklichkeit des Geistes", wie der heilige Paulus das ausdrückt (Röm 7,6). Man stimmt dann tatsächlich zu, anders zu leben als bisher, nämlich nach dem neuen Gebot der Liebe, das Jesus uns gegeben hat (vgl. Joh 13,34). Wie das genauer geht, erklärt wieder Paulus, der sagt, dass die Liebe Gottes durch den Heiligen Geist in unsere Herzen eingegossen ist (Röm 5,5). Deshalb will sich in der Tiefe unseres Herzens eine radikale Veränderung vollziehen.
Was meine ich damit? Ich meine eine letzte Freiheit aufgrund der Gabe des Heiligen Geistes, eine Fähigkeit zu wirklich selbstloser Liebe. Diese ist gewiss zu allen Zeiten wichtig, aber heute halte ich sie für ganz besonders wichtig. Ihr käme in unserer Gesellschaft geradezu eine therapeutische Bedeutung zu. Von Gott geliebt und gehalten, brauche ich mir keine allzu großen Sorgen mehr um mich selbst zu machen. Ich werde allmählich frei von Eigenliebe und in die Lage versetzt, die anderen selbstlos, das heißt ohne dass dauernd Eigeninteressen im Spiel sind, zu lieben und ihnen gut zu sein. Ja, richtig verstanden, ist es dann eigentlich Gottes Geist, der in uns liebt, und dem wir nur Raum geben müssen.

Auf diese Weise verwirklicht sich dann Kirche, die Gemeinschaft derer, die mit Hingabe dem Kommen des Reiches Gottes in diese Welt hinein dient. Die Kirche soll wie ein Sauerteig in dieser Welt wirksam sein und mehr und mehr in der Kraft Gottes eine Verwandlung vieler Herzen bewirken.

Der heilige Benedikt hat diesen Prozess in seiner Regel sehr anschaulich dargestellt. Er ist der Überzeugung, dass es uns durch den Heiligen Geist möglich ist, eine glühende Liebe zu haben und auch zu betätigen. Dies sieht dann konkret so aus:
Wir sollen einander in gegenseitiger Achtung zuvorkommen.
Wir sollen unsere körperlichen und charakterlichen Schwächen mit größter Geduld ertragen.
Wir sollen nicht auf das eigene Wohl bedacht sein, sondern mehr auf das der andern.
Wir sollen einander selbstlos lieben.
Das alles wird möglich, wenn wir Christus lieben und ihm überhaupt nichts vorziehen.
Er führt uns dann alle gemeinsam zum ewigen Leben, das heißt, er bringt uns an unser endgültiges Ziel, nämlich das Leben in Gemeinschaft mit dem dreifaltigen Gott der Liebe.

So sieht es Benedikt (Regel 72,3-12). Ist das illusorisch? Wenn wir es so sähen, dann wäre es auch das Evangelium, ja das Leben Jesu wäre illusorisch gewesen, denn der Lebensentwurf Benedikts orientiert sich exakt an ihm.
Es ist vielmehr so, dass unser Glaube von jedem von uns eine ständige Selbstüberwindung zugunsten der anderen verlangt, in der, wenn sie verwirklicht wird, unser großes Glück liegt, das Glück echter Liebe, durch die Gott uns alle und die ganze Menschheit zu sich zurückführen will.
Man kann den Zustand der Welt beklagen und sagen, dass wir in schwierigen Zeiten leben, was zweifellos stimmt. Aber wem hilft das? Mit

Sicherheit hilft es aber der Welt, wenn wir alles einsetzen, um als Mitarbeiter Gottes diese Welt neu zu gestalten, gerade da, wo wir leben. Dazu hat Gott uns seinen heiligen Geist gegeben.

„Sende aus deinen Geist,
und alles wird neu geschaffen,
und du wirst das Angesicht der Erde erneuern."

21. In mir ist eine sprudelnde Quelle

(Pfingsten 2005)

Was bedeutet Pfingsten? Das Wort kommt von der griechischen Bezeichnung für die Zahl fünfzig. Pfingsten ist der 50. Tag von Ostern an gerechnet. Dieser Tag markiert also gewissermaßen einen Abschluss. Jetzt findet Ostern seine Erfüllung. Denken wir an das Evangelium (Joh 20,19-23). Da tritt Jesus in die Mitte seiner ängstlichen Jünger und schenkt ihnen den Heiligen Geist. Ja das Ziel von Ostern ist unsere Erfüllung mit dem Geist Gottes, unser aller Heiligung und unsere Gemeinschaft in Jesus Christus.

Aber dann fängt mit Pfingsten auch alles erst richtig an. Die Kirche fängt an. Das ist die neue Gesellschaft der Menschen, die Gott selber durch den Heiligen Geist von den Herzen der Menschen her aufbauen will. Darum sagt der heilige Paulus, dass „die Liebe Gottes ausgegossen ist in unsere Herzen durch den Heiligen Geist, der uns gegeben ist“ (Röm 5,5).

Ganz eindringlich, geradezu inspirativ, was bedeutet: vom Wirken des Geistes her, wird diese neue Gesellschaft in der Apostelgeschichte beschrieben: „Alle, die gläubig geworden waren, bildeten eine Gemeinschaft und hatten alles gemeinsam“ (Apg 2,44). Und weiter heißt es, dass sie miteinander teilten, was sie besaßen. So in etwa ist da ja auch heute und hier an diesem Ort. Da wissen wir uns in der Gemeinschaft aller Glaubenden. Und in der Kollekte *Renovabis* bekunden wir unsere Bereitschaft, miteinander zu teilen auch in schwierigeren Zeiten. Wir sollten uns hüten, das abzutun als Illusion. Dann wären wir in verhängnisvoller Weise Realisten.

Wie ist das mit dem Liebesgebot überhaupt? „Liebt einander", sagt Jesus, „so wie ich euch geliebt habe" (Joh 15,12). Das ist doch ein ungeheurer Anspruch: wie Jesus. Auch das wird nie so sein können, dass wir sagen dürften: Jetzt haben wir es geschafft. Und doch ist uns eindeutig aufgetragen, in diese Richtung hin zu leben. Das ist schon das Neue und die Offenheit für das Wirken des Geistes, der Beginn der Verwandlung unserer Herzen.

Jesus spricht einmal von der Sünde gegen den Heiligen Geist (vgl. Mt 12,31f.). Er sieht sie als so gravierend an, dass er sagt, sie würde nicht vergeben werden. Eine rätselhafte Stelle. Auf jeden Fall zeigt sie den ganzen Ernst unseres Glaubens. „Wir glauben an den Heiligen Geist, der Herr ist und lebendig macht", bekennen wir im *Credo*. Die schwerste Sünde ist, daran nicht zu glauben, sich ihm zu verweigern, grundsätzlich und im alltäglichen Leben, bei den vielen Gelegenheiten, in denen er uns anregen will. Was passiert dann? Dann fließt das Leben nicht mehr. Es kommt zu einer schrecklichen Stagnation, zu einer Lähmung in allen Bereichen. Nichts geht dann mehr. Wir kennen das. Mich hat sehr nachdenklich gemacht, als kürzlich ein führender Politiker im Zusammenhang des dramatischen Geburtenrückgangs von einer „Absage an das Leben" sprach. Dem Leben nicht mehr trauen heißt Gott nicht mehr trauen.

Was ist das aber: Leben? Zum Menschen gehört, dass er ein sinnvolles Leben sucht. Aber diesen Sinn, der die Qualität unseres Lebens letztlich ausmacht, können wir nicht selber herstellen. Die Auffassung, dass wir das könnten, ist weit verbreitet. Die derzeitige stark materialistische Ausprägung unserer Lebensführung zeigt das. Wir sagen ja etwa auch, dass dies und das „Sinn macht". Aber der Sinn unseres Lebens wird nicht von uns produziert. Er ist unserem Leben von Gott eingestiftet. Wir

haben den Auftrag, ihn zu finden. Aber als etwas, das da ist in unserem Leben, trägt er uns immer auch schon. Ich möchte noch einmal auf die Stelle im Römerbrief zurückkommen: „Die Liebe Gottes ist ausgegossen in unseren Herzen durch den Heiligen Geist, der uns gegeben ist." Genau das ist die Spur, den Sinn zu finden. Der Heilige Geist in uns erschließt uns den Lebenssinn. Wie sollen wir uns das vorstellen? Es gibt eine wunderbare Aussage des Märtyrerbischofs Ignatius von Antiochien: „In mir ist eine sprudelnde Quelle, die spricht: Auf zum Vater!" Das ist so anschaulich, dass man es kaum erklären muss. In uns ist etwas, das lebendig sprudelt und uns in Bewegung versetzt. Ich muss nur dem, was sich da in mir ständig regt, Raum geben. Es drängt mich dann in die richtige Richtung: „Auf zum Vater!" Was heißt das? Beim Vater ist Liebe und Geborgenheit. Mit seiner Liebe, die er uns schenkt, macht er uns fähig zu lieben. Hier geht es um die letzte Freiheit in uns, die Freiheit der Kinder Gottes, in der wir die Kraft haben, wirklich selbstlos, das heißt ohne Angst um unser kleines Ich, Liebe zu schenken, indem wir nicht etwas, sondern uns selber geben. „Wer sein Leben retten will, wird es verlieren; wer aber sein Leben um meinetwillen und um des Evangeliums willen verliert, wird es retten", d.h. der wird wirklich leben, sagt Jesus (Mk 8,35). Wer den Mut hat, sich auf diese Gesetzmäßigkeit des neuen Lebens einzulassen, der wird erfahren, was der Geist, die lebendig sprudelnde Quelle in ihm vollbringt.
Bleiben wir noch ein wenig beim Bild der Quelle des Heiligen Geistes in uns, der sprudelnden Quelle, der Springquelle. Der Geist drängt den, der sich ihm anvertraut, in eine ganz neue Sphäre, nämlich in die Sphäre Gottes. Auf unser Leben insgesamt bezogen heißt das, dass es zu Gott erhoben wird. Was meine ich damit? Nicht ein Abheben von dieser Welt, vom Alltag, sondern ein grundsätzliches Beheimatet-Sein in Gott, ein

Von-Gott-her-Leben, was dann bedeutet, dass unser Leben sich wirklich auf einem höheren Niveau abspielt und dass wir über den Dingen stehen können. Das Problem ist doch, dass wir uns in den Dingen und den Situationen verlieren. Wir meinen, die Dinge gäben das Leben her. Aber das Leben ist doch viel mehr. Der Geist hilft uns, die Dinge zu relativieren und zum Wesentlichen vorzustoßen. Die Frage ist doch, wovon wir wirklich leben? Wir haben eben den Bericht aus der Apostelgeschichte gehört von den Feuerzungen. Wenig später kommt dann die allbekannte Beschreibung von Gemeinde: „Die Gemeinde der Gläubigen war ein Herz und eine Seele“ (Apg 4,32). Ich halte das für eine inspirierende Aussage. Sie ist nicht utopisch oder naiv. Leben ist tatsächlich Beziehung, zu Gott und untereinander. Es ist eine Katastrophe, dass immer mehr auf Dauer angelegte Beziehungen zerbrechen und ihre Wunden hinterlassen, weil die Prämisse nicht stimmt, die Gottesbeziehung. Ist das nicht eine Herausforderung an uns Christen? Tragen wir nicht die Kraft in uns, die uns fähig macht, das Leben miteinander zu suchen und ständig neu zu wagen, durch alles Misslingen hindurch?

Heute, am Pfingstfest, erinnern wir uns an den wunderbaren Anfang Gottes mit uns, an die Feuerzunge, die jedem und jeder einzelnen von uns gegeben und anvertraut ist. Lassen wir sie ein in unser Herz, damit Gottes Geist uns da ganz und gar umwandelt und mit seiner Liebe prägt.

22. Gott beschenkt uns mit sich selbst

(Pfingsten 2007, Apg 2,1-11; Joh 20,19-23)

Das, was die Lesung aus der Apostelgeschichte berichtet und was in der Folge begnadete Künstler im Bild dargestellt haben, lässt sich als Urgestus der Kirche bezeichnen:

In die Jüngergemeinde hinein, in diese Gruppe der zwölf Apostel mit Maria und den Anderen (von hundertzwanzig ist die Rede, Apg 1,15) – da hinein fällt die Gabe Gottes, der Heilige Geist.

Nehmen wir noch das Evangelium hinzu, wo es heißt: „Empfangt den Heiligen Geist!", und noch Röm 5,5: die Liebe Gottes, ausgegossen in unsere Herzen durch den Heiligen Geist – da wird überdeutlich, dass das Erste in der Kirche das Empfangen ist. Der heilige Lukas denkt mit Sicherheit daran zurück, wie die Jungfrau Maria durch den Heiligen Geist den Messias empfing: „Du wirst ein Kind empfangen, einen Sohn wirst du gebären: dem sollst du den Namen Jesus geben" (Lk 1,31).

Die Kirche ist ganz und gar Empfangende. Was sie ist, sein darf: Helferin zum Heil aller Menschen, ist sie nicht aus sich selbst, sondern nur durch die Gnade Gottes.

Gott beschenkt uns heute, an Pfingsten, in unvorstellbarer Weise. Er gibt uns den Heiligen Geist, das heißt doch: er gibt uns von sich selbst. Nicht irgendetwas, und sei es noch so schön, sondern sich selber in unser Herz und in die Mitte der Kirche. Gott in uns, in mir und in dir und mitten unter uns. Unsere Berufung ist, teilhaben zu dürfen am göttlichen Leben, mitleben dürfen mit Gott. Und „Gott ist die Liebe" (1 Joh 4,16). Gott ist ganz und gar Schenkender. Gott beschenkt uns mit sich selbst.

Das ist das Erste, das wir heute, am Pfingstfest, zu bedenken haben. Nicht nur mit dem Kopf, sondern ganz tief im Herzen, so wie es von

Maria heißt: „Sie bewahrte all das und erwog es in ihrem Herzen“ (Lk 2,19).
Gottes Selbstgeschenk – das ist das große Geheimnis des heutigen Tages. Gott in uns als Liebe. Wer das erfasst, und man kann das nur durch den Heiligen Geist, der hat die Freude in sich, von der Jesus in den Abschiedsreden spricht: „Euer Herz wird sich freuen, und niemand kann euch eure Freude wegnehmen“ (Joh 16,22); der weiß sein Leben bewahrt, ganz gleich, was kommt, tief bewahrt in Gott selbst.

Und was kommt dann?
Das sagt eindringlich und allgemeingültig wieder eine Stelle in der Apostelgeschichte: „Tag für Tag verharrten sie einmütig im Tempel, brachen in ihren Häusern das Brot und hielten miteinander Mahl in Freude und Einfalt des Herzens. Sie lobten Gott und waren beim ganzen Volk beliebt“ (2,46f.).
Wenn Empfangen das Erste ist, dann kann das Zweite nur der Lobpreis sein, der betende Dank dafür. Dies ist dann der zweite Urgestus der Kirche. Christen sind Menschen, die Gott loben, jederzeit, immer und überall. „Singt Gott in eurem Herzen Psalmen, Hymnen und Lieder, wie sie der Geist eingibt, denn ihr seid in Gottes Gnade“ schreibt der heilige Paulus (Kol 3,16). Der Lobpreis Gottes, der gemeinsame vor allem, ist unverzichtbar; er ist Erweis, dass Gottes Geist in uns am Werk ist. Darum ist es so wichtig, dass es Orte gibt, an denen Menschen das gemeinsame Gotteslob zu ihrem ersten Lebensinhalt machen; denn die Freude an Gott will sich Ausdruck verschaffen. Und nichts ist einladender und mitreißender als das Gotteslob. Es fügt die Menschen, die ja so verschieden sind, zusammen, sofern sie sich aufrichtig da hineingeben, es lässt sie „ein Herz und eine Seele“ sein (Apg 4,32),

geeint im Lobpreis Gottes. Und wenn es Differenzen gegeben hat, sogar Ärgernis oder Streit, Verletzung der Liebe – der heilige Benedikt sagt ganz nüchtern, dass all das passiert, wo Menschen zusammen leben –, hier fügt der Geist uns wieder zusammen. Hier werden wir wieder eins. Darum ist es so wichtig, dass nichts von uns aus diese Feier stört, keine Verärgerung, die sich Luft macht, keine auch noch so geringe Verletzung der Liebe. Wir sagen Gott ja aus lauterem Herzen Dank für das Gute, das sein Geist in uns wirkt.

Und dann?
Was wir von Gott empfangen, das gehört nicht uns. Wir haben es für alle. Was die Kirche Jesu Christi zu geben hat, das ist unverwechselbar, das ist die Liebe Gottes selbst. Liebe schenken, bei all den Dingen, die die Menschen brauchen und gerne hätten, wahre Liebe geben, das kann nur sie. Denn, so sagt Papst Benedikt XVI. in seiner Enzyklika: Die Kirche ist eine lebendige Kraft. „In ihr lebt die Dynamik der vom Geist Christi entfachten Liebe, die den Menschen nicht nur materielle Hilfe, sondern auch die seelische Stärkung und Heilung bringt, die oft noch nötiger ist als die materielle Unterstützung" (*Deus caritas est*, Nr. 28). Was Menschen brauchen, ist Menschlichkeit und Zuwendung des Herzens.
Diese unverwechselbare Liebe Gottes in die Welt hinein bringen, ist die Sendung der Kirche; den Menschen Gott bringen. Sie tut es „von seinem Geist getrieben", wie ein treffender Buchtitel über die Apostelgeschichte heißt (C. M. Martini). Gottes Geist in uns treibt uns an, und wir müssen seinem Drängen nachgeben, und zwar selbstlos.
Es ist der Wille unseres Herrn, dass das göttliche Feuer, der Heilige Geist, uns erfasst und entzündet, dass es Selbstliebe und

Menschenfurcht in uns ausbrennt und uns zu wahren Liebenden macht. So von uns selbst befreit, erfassen wir, was der Andere braucht und was nur ich ihm geben kann – von Gott her. Das ist Liebe, und nur diese Liebe verwandelt die Welt.

Sich dem Geist öffnen, heißt vom Geschenk der Liebe Gottes her leben und sich gedrängt fühlen, weiterzuschenken und miteinander zu teilen, was wir empfangen haben.

Heute werden wir wieder von neuem dafür ausgerüstet, zu unserer eigenen Freude und zur Freude der ganzen Welt.

23. Der Heilige Geist hat uns stark gemacht

(Pfingsten 2008)

Heute an Pfingsten erinnern wir uns an das Wirken des Heiligen Geistes in der Kirche. Erinnern meine ich in einem ganz ursprünglichen Sinn, nämlich dass etwas in unserem Innern mit Kraft vor sich geht, so wie es das Tagesgebet eben zum Ausdruck brachte: „Was deine Liebe *am Anfang der Kirche* gewirkt hat, das wirke sie auch *heute* in den Herzen aller, die an dich glauben." Wir können auch an die Stelle im Römerbrief denken, wo es heißt, dass die Liebe Gottes in unsere Herzen ausgegossen ist durch den Heiligen Geist, der uns gegeben ist (5,5). Der heilige Paulus spricht hier von einem Faktum. Wir *haben* den Geist. Gott selbst hat ihn uns gegeben. Wir tun auch gut daran, uns mit dem Apostel zu erinnern, dass es nicht ein Geist der Verzagtheit ist, sondern gerade im Gegenteil ein Geist der Kraft, der dýnamis, wie es wörtlich heißt (vgl. 2 Tim 1,7). Und an anderer Stelle sagt Paulus auch, dass der Geist unserer Schwachheit aufhilft (Röm 8,26).

Das alles ist ganz im Sinne der Lesung aus der Apostelgeschichte, die wir gehört haben (2,1-11): Im Brausen vom Himmel her kommt der Heilige Geist. Wie ein heftiger Sturm. In Zungen wie von Feuer.

Das ist die Wirklichkeit des Heiligen Geistes; es ist das große Anfangsereignis der Kirche, ihr grundsätzlicher starker Impuls. Wir sollten dies gerade jetzt in unserer kirchlichen Situation realisieren, da wir geneigt sind, auch uns selbst zu wenig zuzutrauen. Der Geist Gottes ist der Geist der Zuversicht und der Kraft. Er macht auch uns heute – mitten in unserer ganz konkreten Situation – stark. Er *hat* uns schon stark gemacht. Wir müssen diese Dynamik des Geistes in uns nur wahrnehmen, und nicht zuletzt müssen wir darum beten, inständig, wie die Urgemeinde im Abendmahlssaal, dass sie uns aufgeht.

Die Kraft des Heiligen Geistes – wie betätigt sie sich? Es gab und gibt das Großartige und das Überwältigende. Nehmen wir nur die Fortsetzung unserer Lesung aus der Apostelgeschichte, wo es heißt: „Da (nach dem Geistempfang) trat Petrus auf, zusammen mit den Elf" (2,14). Ohne Menschenfurcht und bereit zu allen Konsequenzen, die dann auch nicht auf sich warten lassen, nämlich Auspeitschen auf Befehl des Hohen Rates und schließlich das Martyrium.
Und wie ist das heute? Die Reihe der Märtyrer, das heißt der mutigen Zeugen Jesu Christi reicht bis in unsere Tage. Der verstorbene Papst Johannes Paul II. hat zur Jahrtausendwende ein Martyrologium des 20. Jahrhunderts in Auftrag gegeben. Gerade im 20. Jahrhundert gab es berühmte, faszinierende Persönlichkeiten: Maximilian Kolbe zum Beispiel, Dietrich Bonhoeffer, Martin Niemöller, Alfred Delp, Martin Luther King, Edith Stein, Graf Stauffenberg und viele, viele andere.

Ich möchte unseren Blick aber heute ganz bewusst auf einen anderen Aspekt lenken. Ich nenne ihn die Selbstverständlichkeit des christlichen Lebens. Was meine ich damit? Das, was die überwältigende Mehrheit der Christen seit zweitausend Jahren tut. Millionen und Abermillionen Menschen. Es ist das ganz normale christliche Leben. Dafür möchte ich heute eine Lanze brechen, weil ich meine, dass das nötig ist. Ich denke dabei an die Menschen, ohne die es einfach nicht geht, in unseren Pfarreien und Gemeinschaften, in unseren Familien und im Berufsleben, im politischen Bereich, kurz: überall. Denken wir jetzt ruhig auch an uns selbst. Recht verstanden geht es nicht ohne uns. Kirche läuft nicht ohne

uns, und Welt läuft nicht ohne uns. Das ist keine Einbildung, sondern Realität. Und es ist notwendig, genau dies mit innerem Engagement, in der Kraft des Geistes zu bedenken.
Immer suchen wir Menschen das Besondere. Der Drang danach steckt ganz tief in uns allen, fast möchte ich sagen als Urversuchung. Das erste Menschenpaar, von dem die Bibel erzählt, Adam und Eva, hatte alles, was das Herz begehrt. Aber es mussten unbedingt die Früchte des Baumes in der Mitte sein, der ihnen vorenthalten war. So ist es auch heute, überall. Auch im kirchlichen Bereich gibt es die Highlights, die Events. Die berechtigte Frage ist aber, ob das dort Erlebte und Gefeierte sich dann auch im kirchlichen Alltag bewährt, sonst wäre es umsonst gewesen.
Wovon lebt unsere Welt? Sicher von der Größe ganz bestimmter Einzelner, das ist gar keine Frage. Wir brauchen starke Persönlichkeiten. Aber sie lebt auch und nicht weniger vom stillen, unauffälligen Einsatz und vom selbstverständlichen Dasein der so genannten kleinen Leute. Im Lukasevangelium gibt es eine Stelle, wo berichtet wird, dass die zwölf Apostel Jesus begleiteten und, so steht da, „außerdem einige Frauen“, „sie unterstützten Jesus und die Jünger mit dem, was sie besaßen“ (8,1-3). Man kann ruhig einmal fragen: Wie wäre es Jesus und seiner Gruppe gegangen ohne diese schlichte selbstverständliche, unauffällige Hilfe, die materielle Unterstützung, aber vor allem auch eine starke seelische war, ein inneres Mitgehen mit Jesus? Was mag das für ihn bedeutet haben?

Was hat das alles nun mit dem Heiligen Geist zu tun, um den es heute in besonderer Weise geht? Er ist der Geist, der im Sturmbraus und im Feuer kommt, ganz bestimmt. Aber er ist doch auch der Geist, den Gott

in unser Herz gegeben hat und der seitdem dort wirkt, meistens eher unauffällig, aber ganz beharrlich, und uns dort, in unserem Herzen, eingibt, wie wir als Christen zu leben haben. Jesus selbst hat gesagt, dass der Geist, sein Geist, uns in die volle Wahrheit führen wird (vgl. Joh 16,13), das heißt in die Wahrheit des christlichen Lebens, das ganz einfach Liebe, alltägliche Liebe ist.
Ich fand ein schönes Wort des unvergesslichen Papstes Johannes Pauls I., den man den lächelnden Papst genannt hat: „Der Heilige Geist in uns ist nie müde oder untätig. Er gibt uns den Wunsch ein, Christus immer ähnlicher zu werden. Er gestaltet uns nach seinem Bild." Das genau ist das Werk des Heiligen Geistes: unsere Ähnlichkeit mit Jesus Christus. Sie ist das Ziel unseres ganzen Lebens.
Am vergangenen Sonntag (4.5.2008) war im Trierer Dom die Seligsprechung von Mutter Rosa Flesch, der Gründerin der Waldbreitbacher Franziskanerinnen. An dieser Frau fasziniert gerade dieses Selbstverständliche des christlichen Lebens. Als Kind schon ahnte sie ihre Berufung und fasste sie, noch unbeholfen, in die Worte: „Ich will schlicht und einfach unter den Menschen leben." Das hat sie dann zielstrebig verwirklicht. Sie hat das 19. Jahrhundert, die Zeit ihres Lebens, mit seiner bedrängenden sozialen Not wirklich wahrgenommen, mit wachem Blick und einfühlsamem Herzen. Sie hat sich mit ihrer Gemeinschaft um die Kranken, die Alten, die Alleingelassenen und die vielen Waisenkinder gekümmert, ohne Lohn. Dazu kommt – ich meine als Krönung – ihr Schicksal als Gründerin der Gemeinschaft. Sie wurde später an den Rand gedrängt und als Stifterin totgeschwiegen. Achtundzwanzig Jahre dauerte dieses seelische Leiden. So hat sie für ihr Werk der Liebe gelitten, in der Nachfolge Jesu. Und alles erfahrene Negative und Böse konnte ihr Gottvertrauen nicht brechen.

„Schlicht und einfach unter den Menschen leben.“ In diesem Satz steckt so viel! Er ist das Programm der Nachfolge Jesu Christi. Er, der Sohn Gottes, hat ja mitten unter uns Menschen gelebt. Er hat uns nur Gutes getan. Und er war uns treu bis zu seinem bitteren Tod am Kreuz.

Schauen wir noch auf die Pfingstsequenz. Sie umschreibt das Wirken des Heiligen Geistes gerade auf diese Weise:
Er kommt vom Himmel her als Lichtstrahl Gottes in unser Herz, das er mit seiner Gnade erwärmt.
Er ist der Vater der Armen, also auch unser Vater in unserer ganz persönlichen Armut, wie auch immer sie aussehen mag.
Er gibt uns Gaben, also das, was wir brauchen, um in der Gemeinschaft der Gläubigen und aller Menschen hilfreich und gut zu sein.
Er ist der süße Gast unserer Seele. Wie schön ist doch dieses Bild! Und dort ist er unser Tröster und richtet uns immer wieder auf.
In der Arbeit des Alltags, die oft genug mühselig ist, gibt er uns die nötige innere Ruhe und Gelassenheit.
In der Hitze, also auch im Aufbrausen der Emotionen, gibt er uns Kühlung, das heißt Besonnenheit.
Im Weinen spendet er uns Trost, göttlichen Trost.
Ohne ihn kann nichts in unserem Inneren gut sein.

So, auf diese bemerkenswert unauffällige, ja demütige Weise verhilft uns der Heilige Geist zum wahren Christsein.

Freilich, man könnte meinen, das sei jetzt rein innerlich. Was wäre dann aber mit dem offenkundigen Zustand dieser unserer Welt? Heute findet die Kollekte *Renovabis* statt für die Menschen in Osteuropa. In diesen

Tagen geht uns die Not in Burma nahe nach dem verheerenden Wirbelsturm und bei dem totalen Versagen der dortigen Militärjunta.
Ich sage, dass der Geist in uns unsere Herzen weit macht, und das gilt für alle Menschen und für alle Not. Wer dem Geist Gottes wirklich folgt (vgl. Gal 5,25), dem kann die Not der Welt nicht egal sein. Der wird im besten Sinn des Wortes zum Weltbürger. Er kann sich in die Welt einfühlen, mit der Empathie, die nur der Heilige Geist verleiht. Denn der Geist unseres Herrn Jesus Christus wohnt in unseren Herzen. Und dort macht er sie weit, ganz weit für Alle, die zu uns gehören. Und im Heiligen Geist gehört jeder und jede zu uns, jeder Mensch auf dieser Erde, und ganz besonders die Menschen in Not.

24. Zeugnis für Jesus

(Pfingsten 2011)

Wieder haben wir den Bericht aus der Apostelgeschichte gehört (2,1-11), der die Herabkunft des Heiligen Geistes beschreibt, im Sturmbrus, mit Feuerzungen. Zugleich wird uns da gezeigt, wie Kirche beginnt. Und es ist eine Kirche, die von sich reden macht, die Aufsehen bei den Menschen erregt und die die Kraft hat, „Gottes große Taten zu verkünden". Die Apostelgeschichte zeigt uns die Kirche in ihren kleinen Anfängen, aber geisterfüllt und expandierend. Sie ist in der Lage, Menschen für Jesus zu begeistern.

Die Situation der Kirche heute ist anders, bescheiden; von außen her ist sie nicht besonders angesehen, im Inneren hat sie viele Probleme. Machen auch wir in unseren Tagen die Erfahrung des Heiligen Geistes? Auf diese Frage möchte ich unbedingt und unmissverständlich mit Ja antworten. Aber man darf dann nicht fixiert sein auf etwas Großartiges, auf eigene Vorstellungen und Wünsche. Vor allem muss man davon weg kommen, die Sache selber „machen" zu wollen. Die Kirche von heute ist in gewisser Hinsicht wirklich arm. Was wäre da das Wichtigste? Zu glauben und sich zu öffnen. An Gott zu glauben, der da ist, und sich zu öffnen für die große Gabe, die er auch uns heute schenken will: seinen Heiligen Geist. Es lohnt sich, die Apostelgeschichte einmal ganz, vom Anfang bis zum Ende zu lesen. Sie gibt ein sehr anschauliches Zeugnis vom Wirken des Heiligen Geistes. Er ist für die ersten Christen eine Realität; ohne ihn geht rein gar nichts; er zeigt, wo es lang geht; er inspiriert im wahrsten Sinne des Wortes. Mir kommt da eine Präfation in den Sinn (Messe für die Einheit der Christen). Da heißt es: Gott hat seinen Heiligen Geist ausgegossen über alle Völker, damit er Großes wirke mit seinen Gaben. Aber was ist dieses „Große“ zuallererst? „Er wohnt in den Herzen der Glaubenden; er durchdringt und leitet die ganze Kirche; er schafft ihre Einheit in Christus.“ Auf diese Tiefendimension kommt es doch vor allem an: Gott in unseren Herzen. Das macht doch die Kraft unseres Glaubens aus. Das lässt uns Zeugen Jesu Christi und seines Evangeliums sein. In jedem und jeder von uns persönlich ist der Heilige Geist. Denken wir an die Feuerzungen der Apostelgeschichte. Auf jeden ließ sich eine nieder. Und denken wir an die Wirklichkeit unserer Firmung: „Sei besiegelt durch die Gabe Gottes, den Heiligen Geist“, wurde jedem gesagt. Das sollen wir als Christen glauben und leben. Aber gehen wir jetzt einen Schritt weiter. Der Heilige Geist, so die erwähnte Präfation, ist „ausgegossen über alle Völker“, das heißt er will alle Menschen erfassen und sie zur einen Familie Gottes bilden. Da haben wir die Sendung der Kirche. Einheitsstiftend soll sie sein, nicht ausschließend, sondern zusammen führend; alle Menschen soll sie zusammen führen. Nur so – als eine Welt – haben wir Zukunft. Das müssen wir uns ganz klar machen: Die Sendung eines jeden Christen, aller zusammen, geht in die Welt hinein, die immer mehr Welt Gottes werden soll. Nur darin liegt für uns alle das Heil.

Fragen wir also: Wie bin ich in meinem Umfeld, an meinem Platz Christ? Denn das wirkt sich nach unserem Glauben aus; es teilt sich unweigerlich mit; es hat weltverändernde Kraft. Wir wissen ja alle, wie ein positiver Mensch seine Umgebung verwandelt. Aber dafür braucht es die Sicht des Glaubens. Was im tiefen Glauben an Christus getan wird, das bringt immer Frucht. „Ich habe euch erwählt und dazu bestimmt, dass ihr euch aufmacht und Frucht bringt und dass eure Frucht bleibt“, hat Jesus gesagt (Joh 15,16). Diese Frucht aber bewirkt der Heilige Geist. Es geht da in der Regel nicht um Außergewöhnliches. Die

Gesetzmäßigkeiten unseres Alltags werden nicht aufgehoben. Aber alles wird intensiviert. Der Geist lässt uns tiefer Mensch sein, lässt uns unsere menschliche Gemeinschaft tiefer erleben. Der heilige Paulus nennt solche Geistesfrüchte (Gal 5,22): Liebe, Freude, Friede, Langmut, Freundlichkeit, Güte, Treue, Sanftmut und Selbstbeherrschung. Zweifellos verändert dies unser Zusammenleben nachhaltig.

Was wäre dann notwendig? Auf den Geist zu vertrauen, der in uns ist. „Atme in mir, o Heiliger Geist, dass ich Heiliges denke. Treibe mich, o Heiliger Geist, dass ich Heiliges tue. Locke mich, o Heiliger Geist, dass ich Heiliges liebe", hat der heilige Augustinus gebetet. Und es geht darum, dem Geist zu folgen, sich auf ihn einzulassen, seiner Eingebung zu gehorchen. Ich will einige konkrete Beispiele nennen: - Ich habe mit einem Menschen eine schlechte Erfahrung gemacht. Angesichts dessen gibt es zwei Möglichkeiten. Die eine ist, dass ich auf Distanz gehe, vor allem innerlich. Dass ich mich ihm gegenüber verweigere. So hat er keine Chance mehr. Er ist festgelegt. Die andere Möglichkeit wäre, mich ihm gegenüber wieder zu öffnen; ihn nicht festzulegen auf das Negative; es mit ihm wieder neu zu versuchen. In diesem Fall – man kann es gar nicht anders sehen – folge ich der Eingebung des Heiligen Geistes, der ja nicht trennt, sondern zusammen führt. Wir merken, wie einfach das ist und zugleich wie schwer. Der Geist verlangt von mir, dass ich mich selbst überwinde, dass ich mich an Jesus binde, der die vergebende und aufbauende Liebe zum Gebot für seine Jünger gemacht hat. – Oder nehmen wir die derzeitige Situation in unserer Kirche, konkret in den Pfarrgemeinden, den geistlichen Gemeinschaften, den Klöstern. Alles wird da schwer und mühsam. Man fühlt sich unattraktiv. Angesichts dessen könnte ich mich davonstehlen wollen; zumindest könnte ich mich innerlich absetzen: ohne mich; mir reicht's. Ich mache meine Sache und nicht mehr. Aber dann dämmert es mir, dass es ja auf mich ankommt; dass der Herr mich braucht und in seinen Dienst nehmen will – und ich mache wieder mit. Ich bekehre mich, kann man in der Sprache des Evangeliums ruhig auch sagen. Heißt das nicht: dem Geist folgen? – Schließlich: Wie oft beeindrucken uns bestimmte Erlebnisse und Erfahrungen. Da kümmern sich Eltern liebevoll mit unsagbarer Mühe um ihr schwer behindertes Kind. Diese heroische Liebe – kommt die nicht vom Heiligen Geist? Da hält ein Ehepartner durch, obwohl es jeden Tag von neuem fürchterlich ist, vielleicht tut er es mit Rücksicht auf die Kinder. Dahinter steht der Heilige Geist. Da fragen sich junge Menschen: Das Leben muss doch mehr Sinn haben als Karriere zu machen, viel Geld zu haben, das Leben in vollen Zügen zu genießen. Und sie fragen weiter: Wie kann ich mich einbringen, was kann ich tun? Da ist der positive Einfluss eines alten Menschen auf die jungen, die ihren Weg ins Leben suchen. Diese Ausstrahlung, ist sie nicht Frucht eines Lebens im Heiligen Geist? So könnte man fortfahren. Aber es sollte ja nur eine Anregung sein.

Der Heilige Geist ist da, auch heute, jetzt. Er wohnt in unseren Herzen. Er durchdringt alles. Öffnen wir uns für ihn, damit er auch uns mit seinen Gaben erfüllt.

25. Neu werden im Heiligen Geist

(Pfingsten 2012, Apg 2,1-11; Gal 5,16-25)

Es ist nicht leicht, vom Heiligen Geist zu sprechen. Er durchdringt alles und erfüllt die ganze Welt mit der Liebe Gottes. In der Bibel heißt es, der Geist weht, wo er will (Joh 3,8); das heißt, er ist für uns Menschen nicht verfügbar, wir können ihn nicht zwingen. Aber Jesus kommt uns zu Hilfe, vor allem in den Abschiedsreden des Johannesevangeliums, wo er öfter vom Wirken des Geistes spricht. Er ist der Geist Jesu, der uns mit ihm vertraut macht, so sehr, dass man von einer Freundschaft sprechen kann. Man kann auch sagen, der Heilige Geist lässt uns erst richtig Christen sein, das heißt Menschen, die ganz und gar, in jeder Beziehung, von Jesus geprägt sind. Er lässt uns denken, sprechen und handeln kann wie Jesus. Und darauf kommt es schließlich an.
Papst Benedikt XVI. stellt in seinem ersten Jesusbuch (Jesus von Nazareth, 2007) die Frage nach dem Neuen am Christentum. Er gibt die Antwort, dass dieses Neue Jesus selber sei, er in Person, die Faszination, die von seiner Gestalt ausgeht. Entsprechend, so kann man sagen, müssen wir neu sein. Der heilige Paulus schreibt im Römerbrief, wir müssten „als neue Menschen leben“ (6,4). Und Jesus selber hat gesagt, neuer Wein gehöre in neue Schläuche (Mk 2,21). In den gottesdienstlichen Texten der Osterzeit war immer wieder die Rede von dem „neuen Lied“, das wir singen (Singt dem Herrn ein neues Lied, niemand soll's euch wehren, GL 268) und von dem „neuen Weg“, den wir Christen gehen.
Genau das ist das Wirken des Heiligen Geistes: Er lässt uns neu sein. Er führt uns in die Wahrheit Jesu (Joh 16,13). Man kann auch sagen, er lässt uns beim auferstandenen Herrn sein und mit ihm leben. Er macht

uns Jesus erfahrbar als Herr, das heißt als unseren Gott, als Bruder und als Freund.
Damit erfassen wir auch den Sinn der Kirche. Sie ist nichts anderes als Gemeinschaft mit dem lebendigen Herrn. Sie soll die ganze Welt mit der Botschaft seiner Liebe erfüllen, damit *eine* Welt werde, ohne Gegensätze, ohne Hass, ohne Ungerechtigkeit; die eine Welt als die Gemeinschaft aller Kinder Gottes.

Wie wünschen wir uns das Wirken des Heiligen Geistes? Am liebsten, wie es die Lesung aus der Apostelgeschichte beschreibt, im Sturmbraus, der alles erfüllt: „Als der Pfingsttag gekommen war, befanden sich alle am gleichen Ort. Da kam plötzlich vom Himmel her ein Brausen, wie wenn ein heftiger Sturm daher fährt, und erfüllt das ganze Haus, in dem sie waren." Alle Menschen wurden auf die kleine Schar der Gemeinschaft der ersten Christen aufmerksam. Es war ein unübersehbares Ereignis, etwas Großartiges.
Vor nunmehr fünfzig Jahren, 1962, begann das Zweite Vatikanische Konzil. Ohne Übertreibung kann man sagen, dass es ein Ereignis Gottes war. Das Konzil hat uns eine neue Freude an der Kirche gebracht. Es war ein Aufbruch, der viele Menschen erfasste. Die Welt wurde aufmerksam auf die Kirche. Sie war in aller Munde. Die Medien sprachen ständig von ihr. Jetzt, längere Zeit danach, erlebt sich die Kirche dagegen als arm. Sie erfährt einen starken Mitgliederschwund. Es fehlt ihr ein Zukunftskonzept, das greifen würde. Sie ist in mancher Beziehung ratlos. Das macht uns zu schaffen, und wir kommen kaum damit zurecht.

Aber wäre das nicht gerade der Ansatzpunkt? Die Armut akzeptieren, nicht die materielle, sondern die viel tiefer gehende; Gott unsere leeren Hände und Herzen hinhalten, damit er seinen Heiligen Geist hinein gibt. Was die Welt braucht, ist der Glaube. Da bin ich mir ganz sicher. Alles, was wir tun, ist umsonst, wenn wir den Menschen nicht begreiflich machen können, dass ihr Leben ohne den Glauben leer und sinnlos ist. Und viele, immer mehr, erfahren gegenwärtig diese innere Leere und die tiefe Sinnlosigkeit. Ja, wirklich lebendig wird unser Leben allein durch den Glauben.

Am Anfang der Kirche, so die Apostelgeschichte, ereignete sich das Sprachenwunder oder auch das Wunder des Hörens, wie man will: „Sind das nicht Galiläer, die hier reden? Wieso kann sie jeder von uns in seiner Muttersprache hören?" Und dann werden die vielen Völker genannt, aus denen damals Menschen in Jerusalem waren. Gemeint ist, dass eine lebendige Kommunikation zustande kam. Die Kirche erwies sich als „katholisch", das heißt allumfassend, offen für alle Menschen. Der Geist Jesu erfasste alle Völker. So entstand die Welt-Kirche. Sie ist vielfältig, unterschiedlich, wie die Menschen alle verschieden sind. Aber sie ist trotzdem eine. Das ist gerade das Wunderbare an ihr.

Gibt es da nicht heute in der Kirche eine Versuchung? Nämlich die Angst, kein Ansehen mehr zu haben, arm zu sein, unscheinbar, vielleicht sogar verachtet? Und dagegen wehren wir uns mit aller Kraft. Aber nach den Worten Jesu ist die Armut das Markenzeichen des Evangeliums, und gerade in ihr ist uns der Reichtum Gottes verheißen.

Wie geht der Weg, den uns der Heilige Geist zeigt? Wir haben auch die Lesung aus dem Galaterbrief gehört. Ihr Anliegen ist, dass wir uns in jeder Beziehung vom Geist leiten und führen lassen und dem Geist bereitwillig folgen. Das schließt eine harte Arbeit an sich selbst ein. Da fallen die beiden Begriffe „Fleisch“ und „Geist“. Sie sind Gegensätze. Der „fleischliche Mensch“ ist egoistisch, nur auf sich bezogen; die anderen sind ihm egal. Der „geistliche Mensch“ ist dagegen ganz anders. In seinem Herzen gibt es „Liebe, Freude, Friede, Langmut, Freundlichkeit, Güte, Treue, Sanftmut und Selbstbeherrschung“. Damit sind wir wieder beim Ausgangspunkt: Er ist der neue Mensch.

Aus China stammt folgendes Gebet:

Herr, erwecke deine Kirche,
und fang bei mir an.
Herr baue deine Gemeinde,
und fang bei mir an.
Herr, lass Frieden überall auf Erden werden,
und fang bei mir an.
Herr, bringe deine Liebe und Wahrheit zu allen Menschen,
und fang bei mir an.

Ja, Gott will uns heute seine Heiligen Geist geben. Und er fängt damit bei mir an, bei jedem und jeder Einzelnen von uns hier. Aber auch bei dem, was man Keimzelle des Glaubens nennen kann. Er gibt den Geist in unsere Ehen, Familien, Gemeinschaften hinein. So macht Gott uns neu. Er gibt zuerst uns ein neues Herz und einen neuen Geist, um so seine neue Welt beginnen zu lassen – jetzt, hier und heute.

Printed by Books on Demand GmbH, Norderstedt / Germany